O que pensam os curadores de artes cênicas

Michele Rolim

O QUE PENSAM OS CURADORES DE ARTES CÊNICAS

Michele Rolim

Cobogó

SUMÁRIO

Prefácio – *Tutano e circunstância*, por Valmir Santos 7
Apresentação – *Curadoria em artes cênicas: um processo em construção*, por Michele Rolim 17

ENTREVISTAS
Antônio Araújo (Tó) 23
João Carlos Couto Magalhães (Janjão) 31
Márcia Dias 39
Marcelo Bones 47
Eid Ribeiro 55
Alexandre Vargas 63
Luciano Alabarse 73
Luiz Bertipaglia 85
Paulo Braz 91
Tania Brandão 95
Guilherme Reis 101

Felipe de Assis 115
Dane de Jade 125
Kil Abreu 135
Sidnei Cruz 145

PREFÁCIO

TUTANO E CIRCUNSTÂNCIA

É possível inferir que a ascensão dos festivais no calendário das artes cênicas do país guarda alguma simetria com o crescimento do teatro de grupo e seu pendor à pesquisa. O surgimento desses eventos na virada do século XX para o XXI estabelece um campo de sinergia. De um lado, criadores que primam pela inventividade formal e temática. De outro, espectadores mais abertos a espetáculos fora do lugar-comum. A mediá-los, o curador ou a curadora. Boa parte desses sujeitos deriva de vivências em produção, coordenação ou mesmo em direção, dramaturgia, atuação ou pedagogia. A multitarefa, diga-se, é uma sina.

As experiências mais bem-sucedidas na concepção e engenho de festivais ou mostras são aquelas capazes de circunscrever uma rede e transmitir a sensação de pertença, em contato com os seus, o outro, a cidade, o país, o mundo. Pelo menos tem sido assim nos certames entusiastas da alteridade. A qualidade de presença converte-se em ativo diante da hegemonia do digital em nossas vidas. Sentires e pensares que algumas esferas do entretenimento já nos revelam capazes de sintetizar.

Quando a jornalista e pesquisadora Michele Rolim elege como objeto de mestrado problematizar a missão da curadoria no contexto dos festivais nacionais e internacionais, transcorridos em capitais e cidades médias, ela o faz, sintomaticamente, porque esses encontros vêm imprimindo novas diretrizes às artes cênicas brasileiras. Afinal, a maioria deles combina governança urbana e esforço de pensamento avançado nadando contra a maré na apropriação de espaços simbólicos e concretos da cidade, sejam teatrais ou não. O diletantismo não para mais em pé. São imprescindíveis tutano, estratégia e método.

Apesar de efêmeras, as artes da cena põem em contato indivíduos diferentes, e não apenas os anônimos da multidão. Gente que resiste para "existir contra o vazio de sentido e de relações que espreitam, como uma ameaça, qualquer habitante das cidades", como anota o antropólogo Michel Agier.[1] É a partir de encontros ritualizados, localizados, que essas situações e pessoas são mobilizadas, por conseguinte, a viver a cidade no longo prazo.

Nesse viés, debater os interstícios da curadoria sinaliza um novo patamar dos festivais de artes cênicas. Eles se profissionalizam, pulsam rearranjos e oscilam potencialidades a duras penas – e sob notável capacidade de resiliência de idealizadores e organizadores de natureza pública ou privada.

A recente ruptura institucional no Brasil, contudo, deixa sequelas graves cujas extensões ainda não são possíveis de mensurar. Processos históricos resultam cruciais no entrelaçamento da arte e da cultura. Nenhuma sociedade passa incólume a

---

[1] AGIER, Michel. *Antropologia da cidade: lugares, situações, movimentos.* Trad.: Graça Índias Cordeiro. São Paulo: Terceiro Nome, 2011, p. 174.

um processo de impeachment, sobretudo quando o segundo em menos de 25 anos é conjugado à profunda investigação de corrupção e lavagem de dinheiro em espiral desde 2014, sob a salvaguarda de processar também corruptores. Na agenda sociocultural que nos toca, os sacrifícios são flagrantes com o estado de exceção mal dissimulado no emblema "ordem e progresso".

Como se sabe, o país ainda não proporciona um Sistema Nacional de Cultura efetivo por meio do qual os três níveis de governo (a União, o estado e o município) pactuem cumprir a Constituição, os deveres para com os direitos dos cidadãos extensivos à educação, à saúde e à moradia. A imensidão territorial – mais de oito milhões e meio de quilômetros quadrados – permite calcular o significado de promover ações afins e republicanas endereçadas aos duzentos milhões nas cinco regiões. E todo desafio requer vontade política.

Seguindo essa perspectiva, convém uma mirada ao quintal do vizinho. A Argentina promulga sua Ley Nacional del Teatro em 1997. O primeiro artigo do documento define que "A atividade teatral, por sua contribuição ao fortalecimento da cultura, será objeto da promoção e apoio do Estado Nacional."[2] Essa lei cria o Instituto Nacional del Teatro, "organismo dirigente da promoção e apoio da atividade teatral e autoridade de aplicação desta lei", sob a jurisdição da Secretaría de Cultura de la Nación.

Dentre as múltiplas demandas do conselho diretor do instituto, exemplificamos: fomentar as atividades teatrais através da organização de concursos, mostras e festivais; outorgar prêmios, distinções, estímulos e reconhecimentos especiais; conceder bolsas de estudo e aperfeiçoamento; considerar de interesse

---
[2] Íntegra da lei disponível no sítio eletrônico do Instituto Nacional del Teatro: http://inteatro.gob.ar/institucional/leyes. Tradução nossa.

cultural suscetibilidades de promoção e apoio às salas que se dediquem de forma preferencial e com regularidade à realização de atividades teatrais de interesse cultural, bem como fomentar a conservação e a criação de espaços com o mesmo fim; ampliar e difundir o conhecimento do teatro, seu ensinamento, sua prática e sua história, especialmente nos níveis do sistema educativo, ou contribuir para a formação e aperfeiçoamento dos trabalhadores do teatro em todas as suas expressões e especialidades; e por fim, mas não só, proteger a documentação e os arquivos históricos.

A letra fria não é evocada aqui sem levar em conta as contradições que artistas, público e produtores que lá vivem podem enfrentar no cotidiano. Considerando, porém, nosso testemunho da consistência de festivais da capital federal e do interior; dos espetáculos apresentados nos equivalentes brasileiros; e da copiosa produção editorial e seus lançamentos, o teatro argentino contemporâneo condiz com a clareza do parágrafo anterior que condensa algumas das regras do jogo de um organismo moldado às especificidades das artes da cena.

De volta ao nosso quinhão, desde meados da década de 1970, a atual Fundação Nacional de Artes, a Funarte, órgão do Ministério da Cultura, o MinC, passa por mudanças na nomenclatura e nas suas atribuições. A partir de 1994, abarca "o desenvolvimento de políticas públicas de fomento" às artes integradas, às artes visuais, à música, ao teatro, à dança e ao circo. Convenhamos, é uma pletora de áreas. Cada uma delas, um planeta. Cada uma delas carece de um instituto. Por analogia numérica, supomos que uma política cultural estruturante seria dedutível no Uruguai, com sua população de pouco mais de três milhões, e não no "gigante pela própria natureza" com base populacional sessenta e seis vezes maior que a do país de José Mujica, somada às seculares e escorchantes diferenças de renda.

Um dos trunfos para contornar a complexidade geopolítica do Brasil foi a implantação dos Pontos de Cultura pelo MinC, em 2004 – ação capitaneada pelo secretário de programas e projetos naqueles anos, o historiador Célio Turino. A primeira década atendeu a quatro mil localidades. A medida pressupunha autonomia e protagonismo sociocultural. Mais que a construção de prédios ou a simples transferência de verba para organizações culturais, visava a interação entre os sujeitos e o meio. Procurava dar sentido educativo à política pública e promover o desenvolvimento a partir da apropriação coletiva de conceitos e teoria.

"Um programa construtivista, ou fenomenológico, que tem por princípio o compartilhamento de ideias e valores. Compartilhamento que ocorre pela planilha do sensível, trazendo um forte componente de encantamento e magia, potência e afeto", relata Turino.[3] Como se lê, ação participativa alinhada ao "*do-in* antropológico" pespegado pelo então ministro da Cultura, o cantor e compositor Gilberto Gil, em seu discurso de posse ao ilustrar a necessidade de massagear pontos vitais então adormecidos.

É sob o vigente período de arrefecimento que o Núcleo de Festivais Internacionais de Artes Cênicas do Brasil sublinha o quanto a ausência de política pública torna periclitante a sustentabilidade dos eventos.

A luta de forma compartilhada e cooperativada pela difusão dos certames de artes cênicas teve início em 2003. Atualmente, o núcleo envolve representantes de oito cidades com jornadas que recebem espetáculos nacionais e estrangeiros: Festival Internacional de Londrina, o Filo; Porto Alegre em Cena

---

[3] TURINO, Célio. *Ponto de cultura: o Brasil de baixo para cima*. São Paulo: Anita Garibaldi, p. 86, 2010.

– Festival Internacional de Artes Cênicas; Festival Internacional de Teatro Palco & Rua de Belo Horizonte, o FIT-BH; Festival Internacional de Artes Cênicas da Bahia, o FIAC Bahia; Cena Contemporânea – Festival Internacional de Teatro de Brasília; Festival Internacional de Teatro de São José do Rio Preto, o FIT Rio Preto; Tempo – Festival das Artes Cênicas, no Rio de Janeiro; e Janeiro de Grandes Espetáculos – Festival Internacional de Artes Cênicas de Pernambuco, no Recife.

Além desses, constam projetos relevantes e paradigmáticos do crescimento exponencial no setor. Relacionar alguns deles requer paciência a fim de visualizar as circunscrições regionais: Festival do Teatro Brasileiro, o FTB (itinerante); Festival de Curitiba; Festival Recife do Teatro Nacional; Festival Nordestino de Teatro de Guaramiranga (CE); Festival de Teatro de Fortaleza; Festival Latino-Americano de Teatro da Bahia, o FilteBahia; Mostra Latino-Americana de Teatro de Grupo, em São Paulo; Festival O Mundo Inteiro É um Palco, em Natal; Verão Arte Contemporânea, o VAC, em Belo Horizonte; Festivale - Festival Nacional de Teatro do Vale do Paraíba, em São José dos Campos; Festival Internacional de Teatro de Rua de Porto Alegre; Ruínas Circulares – Festival Latino Americano de Teatro, em Uberlândia; Festival Internacional de Teatro Universitário de Blumenau, o FITUB; Festival Estudantil de Teatro, o FETO, em Belo Horizonte; Mirada – Festival Ibero-Americano de Artes Cênicas de Santos; Feverestival – Festival Internacional de Teatro de Campinas; Trema! – Festival de Teatro, no Recife; Mostra Internacional de Teatro de São Paulo, a MITsp; e Cena Brasil Internacional, no Rio de Janeiro.

Alguns dos curadores – ou assim ainda não autodenominados – têm os relatos coletados pela autora, perfazendo a tônica do livro em mãos, consequência da dissertação defendida na UFGRS e orientada pelo ator, diretor e professor Clóvis Massa. As vozes correspondem a artistas ou/e gestores instigados a pensar sobre a prática da curadoria. Em regra, adotam os procedimentos tangíveis de assistir a espetáculos, viajar a estados ou países, interessar-se pelas reflexões teóricas e estéticas em voga e prover as respectivas programações de acordo com a identidade que forja ou nos conformes orçamentários que se impõem.

É sob os signos da resistência e da *reexistência* diante do reiterativo desmonte sociocultural e econômico, portanto, que nos deparamos com *O que pensam os curadores de artes cênicas*. Partilha singular da visão de mundo, da filosofia artística e das idiossincrasias desses cidadãos interlocutores. Sintomaticamente, nenhum deles chega a estudar com a finalidade de exercer curadoria. A lapidação para o ofício geralmente se constrói de modo autodidata.

Não por acaso, o diretor artístico da MITsp, Antônio Araújo, compara curar a encenar uma peça. Como a tatear ideias diante da matéria, lidar com a projeção e a irrupção da realidade a estancar ou a abrir novas janelas. Desde 2013, ano anterior à primeira edição, o diretor do Teatro da Vertigem (1991) concilia as atividades do grupo, a vida de professor na USP e a costura das edições dessa mostra internacional ao lado do diretor-geral de produção, Guilherme Marques.

É peculiar como Araújo tece o conceito dos "núcleos vibratórios" em cada uma das quatro MITsp alinhavadas até aqui. "Não teríamos um único sol como centro de várias órbitas, mas vários núcleos vibrando simultaneamente. Cada núcleo agregaria algumas obras, alguns trabalhos. E devemos pensar ainda que os núcleos interferem uns nos outros, se irradiam e contaminam um ao outro, se interpenetram", cogita. A primazia tem sido menos pela escala do que traz – óbvio que a cena é arterial –, mas pela maneira como concatena, através das peças, os segmentos formativos e reflexivos, instaurando uma "movida" pró-pensamento crítico na travessia de artistas, espectadores, estudantes e profissionais que gravitam as artes cênicas. Uma imersão presencial político-poética ressignificativa em plena metrópole que, em tese, convidaria à dispersão.

Em Salvador, um dos coordenadores e curadores do FIAC Bahia, Felipe de Assis, também alude ao espaço sideral ao enxergar curadoria "como uma constelação de habilidades, vocações, interesses, que pode conjugar trabalhos e competências diversas, como crítica, construção de discurso, contextualização, mas também produção, gestão, criação e composição de eventos".

Lidando com esse universo desde a primeira edição, em 2008, tendo defendido um mestrado a respeito, Assis, também diretor e produtor teatral, disserta que gosta de pensar curadoria ligada "à prática artística e à performatividade que contém as características: noção de presença, acontecimento, risco, estratificação de sentido, relação com tempo e espaço, ênfase no processo e confusão entre realidade e ficção".

A impregnação colaborativa orienta distintos formatos do que se convenciona entender por mostra ou festival. Um exemplo potente vem do Palco Giratório, projeto do Departamento Nacional do Serviço Social do Comércio, o Sesc, no Rio de Janeiro, caracterizado pela circulação em todo o território brasileiro, os 26 estados mais o Distrito Federal.

Criador e coordenador da Rede Sesc de Intercâmbio e Difusão das Artes Cênicas (1998-2007), o dramaturgo, diretor e gestor cultural Sidnei Cruz fala da "assembleia" que caracteriza a representatividade dessa capilaridade federativa. "Tentamos fazer uma difusão caleidoscópica, ou seja, de todos os lugares para todos os lugares do Brasil. Então funcionava um pouco com essa ambição de distribuir caleidoscopicamente o que se tinha de proposições estéticas no teatro, no circo, na dança, na performance, nas manifestações populares, enfim, tentando abrir também o conceito do que é artes cênicas", explica. Para Cruz, o modelo dos festivais precisa ser revisto para não redundar em exclusão em vez de ampliar oportunidades.

Prismas estimulantes não faltam. As digressões destas linhas são impulsionadas pela cartografia que Michele Rolim compõe sem pretender a completude ou a fórmula absoluta, porque impossíveis de alcançar diante das tantas variáveis. Se há muito por fazer e conectar no cenário dos festivais, ele não teria evoluído sem os sonhos e as articulações de Ruth Escobar, Nitis Jacon, João Carlos Couto (Janjão), João Cândido Galvão, Sérgio Bacellar, Eid Ribeiro, Luciano Alabarse, Guilherme Reis, Romildo Moreira, Pita Belli, Danilo Santos de Miranda, Jorge Vermelho, Marcelo Bones, Ricardo Muniz Fernandes e as gerações mais recentes, com Paulo Braz, Luiz Bertipaglia, Luis Alonso, Kil Abreu, Carla Valença, Paula de Renor, Yaska Antunes e Alexandre Vargas, entre outros que ousam segundo nossa memória.

Os diferentes perfis de entrevistados permitem construir análise a partir da radiografia e das circunstâncias dos territórios e de como eles se relacionam, ou não, com o todo. O leitor há de sondar como cada identidade é transformada por meio do "contrato comunitário cultural"[4], no dizer da professora e ensaísta francesa Josette Féral, ao lembrar como o teatro viu-se tomado, de súbito, com o encargo de novos valores e das exigências da sociedade. Os festivais e mostras, de fato, dão o que pensar.

VALMIR SANTOS
Jornalista, crítico e coeditor do site
Teatrojornal – Leituras de Cena

---

[4] FÉRAL, Josette. *Além dos limites: teoria e prática do teatro*. Trad.: Jacó Guinsburg. São Paulo: Perspectiva, 2015, p. 7.

APRESENTAÇÃO

CURADORIA EM ARTES CÊNICAS:
UM PROCESSO EM CONSTRUÇÃO

A função do curador na área das artes cênicas parece, para muitos, incluindo os próprios curadores, imprecisa. Apesar da multiplicação de festivais e mostras de artes cênicas, o termo curadoria ainda está em construção.

Em sua etimologia, a palavra curare significa cuidar. No início servia para designar a pessoa responsável por organizar uma exposição. Com o tempo, o ofício evoluiu, tornando-se mais exigente, e o curador passou a ser o responsável por formular um conceito, escolher as propostas artísticas e pensar na disposição espacial dos trabalhos em determinadas ocasiões.

Portanto, a referência que temos de exercício curatorial no Brasil é a prática da curadoria em artes visuais. Nessa área a curadoria parece ser realizada como exercício de criação que opera na aproximação de criações artísticas esteticamente plurais, resultando em eventos que se materializam em exposições de diversos portes, inclusive em grandes mostras internacionais. Um exemplo é a Bienal Internacional de São Paulo, onde foi inaugurada a curadoria contemporânea nas artes visuais brasileiras (16ª Bienal de São Paulo, 1981, com curadoria de Walter Zanini).

Em certos aspectos, os festivais de artes cênicas se assemelham às bienais de artes visuais, pois ambos são eventos representativos da produção artística contemporânea que mobilizam o cenário cultural local, nacional e internacional. Tanto nos festivais de artes cênicas quanto nas bienais de artes visuais, destaca-se a figura do curador, já mais tradicional nas artes visuais, e que vem emergindo e se tornando mais visível nas artes cênicas mais recentemente.

Nas artes cênicas no Brasil, o termo "curadoria" foi incorporado ao vocabulário de forma definitiva a partir da década de 1990, época marcada por um aumento expressivo do número de festivais pelo país.

Até então, o indivíduo atuante no campo das artes cênicas frequentemente era compelido a exercitar sua versatilidade, acumulando diversas funções. Entretanto, a partir da criação de novos mecanismos de incentivo, como a Lei Rouanet, percebe-se um crescimento efetivo da indústria cultural no país e do fomento ao fazer teatral. Com esse desenvolvimento, amplia-se também o campo artístico de atuação, que passa a demandar especialização profissional e, com ela, novos termos – ainda que o curador seja, na maioria dos casos, também gestor e produtor.

Mesmo antes disso, no entanto, é possível encontrar iniciativas brasileiras com as características próximas do que hoje é chamado curadoria. Um dos pioneiros da área foi Paschoal Carlos Magno (1906-1976), com seus projetos envolvendo o teatro de estudantes. Ao diagnosticar a precariedade do teatro brasileiro e a falta de intercâmbio entre grupos teatrais de diferentes regiões, Magno idealizou o I Festival Nacional de Teatro de Estudantes, que ocorreu em Recife, em 1958, e seguiu para diferentes estados até 1971.

Ainda na década de 1970, uma das produtoras mais conhecidas no Brasil era Ruth Escobar. Foi por suas mãos que surgiu, em 1974, o I Festival de Outono, posteriormente intitulado I Festival Internacional de artes cênicas (FIAC). Escobar trouxe para São Paulo o trabalho de diretores e de companhias de prestígio internacional, como Bob Wilson e Jerzy Grotowski. O FIAC cumpriu oito edições entre 1974 e 1999.

Também merece destaque o Festival Internacional de Londrina (FILO), comandado por Nitis Jacon. O festival foi criado de forma amadora por Délio César, em 1968, período em que o evento era conhecido como Festival Universitário de Teatro de Londrina. Em 1972, Jacon assumiu o festival e, durante mais de trinta anos, esteve à frente do FILO, depois cedendo lugar a Luiz Bertipaglia, um dos curadores que dá seu depoimento para este livro.

Surge, em 1978, ainda outra iniciativa: o Mambembão. Era fato que, na época, o eixo São Paulo-Rio de Janeiro concentrava recursos e patrocínios, e sua produção cênica tinha uma maior visibilidade midiática em contraposição ao trabalho feito em outras regiões do país, que, embora fosse de qualidade, seguia à margem da produção do Sudeste. Isso ocorre ainda hoje, ainda que em menor escala. Assim, a ideia de criar o Mambembão nasceu como uma tentativa de descentralizar essa hegemonia, levando trabalhos de outros estados para serem apresentados no Rio de Janeiro, em São Paulo e em Brasília.

Esse empreendimento e os demais festivais seguiram suas trajetórias, outros se modificaram, e alguns terminaram, como foi o caso do FIAC. Essas iniciativas, assim como seus responsáveis, se somam no processo de construção da história da curadoria no Brasil. Tanto no passado como no presente, de maneira geral, notamos que, por trás de cada festival, existe sempre uma figura persistente e apaixonada que dedica sua vida inteira para que ele aconteça.

Este livro reúne quinze depoimentos de curadores dos principais festivais de artes cênicas em atividade no Brasil. Ele começa a ser escrito a partir da dissertação "Pensamento curatorial em artes cênicas: interação entre o modelo artístico e o modelo de gestão em mostras e festivais brasileiros", sob a orientação do Dr. Clóvis Massa, defendida em 2015 no Programa de Pósgraduação em artes cênicas da Universidade Federal do Rio Grande do Sul (UFRGS).

A quase inexistência de material sobre o assunto fez com que a pesquisa se desenvolvesse a partir da escuta de impressões e do pensamento de diversos curadores e diretores de festivais, coletados por meio de entrevistas, estas agora reproduzidas e formatadas especialmente para esta publicação.

Cada festival traz características e particularidades que influenciam a curadoria, tais como o território que ocupa – por isso a preocupação em conversar com curadores de diversos estados; a titularidade da gestão do festival, que pode ser pública (geralmente aliada a patrocinadores privados) ou então capitaneada por pessoas e instituições privadas com auxílio público via benefícios fiscais; e ainda os diferentes orçamentos de que cada festival dispõe.

E que pensamento o curador busca? Ao longo das entrevistas, será possível perceber que não há um denominador comum em relação a isso, já que a curadoria é feita, em boa parte, de subjetividade. É impossível ignorar a trajetória e o gosto pessoal de cada curador. Esse ofício, tal como mostram as entrevistas, normalmente aparece como uma atividade paralela de um profissional ligado à arte, como diretores de teatro ou críticos teatrais, entre outros. A formação de um curador é multidisciplinar, e os cursos de curadoria no Brasil são recentes e voltados exclusivamente para a área de artes visuais. O conhecimento da maioria desses curadores brasileiros não foi adquirido nas universidades, como alunos; mas sim no dia a dia de suas atuações no campo, pela leitura de textos, pelas práticas docentes e pelas experiências ao longo da vida.

Talvez esse livro levante mais perguntas do que dê respostas. Há de fato como propor um recorte curatorial para festivais com grandes números de espetáculos? Como os espectadores vão conseguir perceber as relações propostas pelo curador já que, em um festival de artes cênicas, ao contrário de uma exposição, por exemplo, não se consegue visualizar todos os trabalhos no mesmo espaço e tempo? Como o financiamento e as leis de incentivo interferem no formato dos festivais e na seleção dos espetáculos realizada pelos curadores? Um curador também é um criador?

Esses são questionamentos que não podem ainda ser totalmente respondidos. Estamos em um momento de muitas dúvidas e poucas certezas sobre o campo curatorial nas artes cênicas. Uma certeza, entretanto, se impôs: a importância da curadoria dentro de um festival ou uma mostra de artes cênicas. Um curador é, de alguma maneira, um mediador entre a arte e o público. Por meio de seu pensamento crítico e das conexões que sugere, aproximamo-nos inegavelmente de uma melhor fruição para a recepção do teatro contemporâneo.

O leitor, ao chegar ao final da publicação, poderá compreender melhor quem é afinal esse profissional que decide o que o público de determinada cidade vai assistir, assim como perceber a dinâmica na qual esse curador, inevitavelmente, está inserido.

MICHELE ROLIM

ANTÔNIO ARAÚJO (TÓ)

Antônio Araújo é diretor teatral e professor universitário. Nasceu em 1966 em Uberaba (MG), e vive em São Paulo (SP). É coidealizador e diretor artístico da Mostra Internacional de Teatro de São Paulo (MITsp).[1] É um dos fundadores, além de diretor artístico, do Teatro da Vertigem.[2] Desde 1998, atua como professor universitário na Escola de Comunicações e Artes da Universidade de São Paulo (ECA/USP).

Esta entrevista foi realizada em março de 2015.

---

[1] A MITsp é idealizada por Antônio Araújo e Guilherme Marques. Desde sua primeira edição, em 2014, a mostra privilegia a experimentação e a investigação em artes cênicas.

[2] Grupo paulistano criado pelo encenador Antônio Araújo em 1991, com colegas da Escola de Comunicações e Artes da Universidade de São Paulo (ECA/USP). O coletivo é conhecido pela pesquisa e criação de espetáculos em espaços não convencionais.

MICHELE ROLIM:

Na ficha técnica da Mostra Internacional de Teatro de São Paulo MITsp você não assina como curador, mas como diretor artístico. Qual a diferença?

ANTÔNIO ARAÚJO:

Talvez seja uma forma de equilibrar as responsabilidades. Quando fomos definir as atribuições, pensamos que Guilherme Marques[3] poderia assumir a direção geral, mas ficaria estranho se eu assinasse curadoria, já que a mostra é um projeto de ambos. Talvez ficasse mais claro se eu assinasse "direção artística e curadoria geral" ou apenas "curadoria geral", mas isso não deixaria claro que a direção da mostra é compartilhada entre Guilherme e eu.

Por outro lado, não me pareceu errado usar o termo direção artística. No Teatro da Vertigem, eu cumpro essa função. Ou seja, problematiza o "norte artístico" do grupo, uma direção conceitual para o projeto da companhia, evidentemente em discussão com outros membros do coletivo. Mas é uma questão interessante.

MR:

Que conceito quer imprimir à Mostra?

AA:

Um conceito que passa fundamentalmente por não almejar um festival quantitativo, mas, sim, qualitativo. Isso era questão fundamental para mim, até porque participei de inúmeros festivais e percebi que esse modelo quantitativo está em crise. É aquela superoferta de atrações. Você fica pensando todo o tempo: "O que é que eu vou ver, o que é que eu não vou ver..." E os festivais se autoelogiando justamente pela quantidade numérica. Prefiro trabalhar com um grupo

---

[3] Guilherme Marques é diretor geral do Centro Internacional de Teatro Ecum (CIT-Ecum), além de idealizador e diretor geral de produção da MITsp.

menor de espetáculos e investir na qualidade. Artistas realmente significativos, obras que têm importância para a cena atual. Pode parecer utopia de curador, mas esse tamanho mais enxuto possibilitaria ao espectador assistir a toda ou à maior parte da programação, o que tornaria possível perceber que os espetáculos conversam entre si. Daí talvez a importância de não assistir a apenas um ou dois espetáculos da mostra, mas a um grupo maior de espetáculos. Esse era um conceito importante para mim, o de criar uma mostra em escala mais *humana*, que tornasse possível apreciar a mostra como um *todo*.

Outro conceito importante era o de abrir espaço para a reflexão, programando palestras, seminários e encontros com artistas. Mas esse espaço não poderia ser periférico, deveria ser um dos eixos da mostra. Vem daí o peso e a importância que atribuímos aos Olhares Críticos[4] e às ações pedagógicas.[5] Essa reflexão se dá de várias formas: pode ser através de um catálogo reunindo ensaios de pesquisadores, mas pode ser pela ação de críticos que são convidados para escrever sobre as peças, explicitando visões diversas e muitas vezes conflitantes. São maneiras de gerar discussão, encontro, diálogo, pensamento e reflexão.

MR:
Você poderia explicar como chegou a esse conceito ou sobre o pensamento geral que "amarra" atrações e atividades da MITsp?

AA:
Há duas respostas para isso: a resposta do "desejo" e a resposta do "mundo real". E já antecipo que as duas coisas vão conversar

---
[4] Olhares Críticos é um eixo da Mostra que propõe uma série de ações de reflexão crítica para potencializar o encontro entre o espectador e a obra.

[5] Já ações pedagógicas são um eixo que prevê ações de intercâmbio entre artistas internacionais e brasileiros para troca de experiência.

entre si, no célebre embate estre os princípios da realidade e do prazer... Primeiro, a questão do desejo. Talvez me incomode a ideia de uma curadoria com tema único. Como se fosse assim: "Ah, essa edição da MITsp vai ser sobre teatro físico." Então, todos os espetáculos vão ter que se basear em teatro físico. Acho isso engessador, limitador. Porque o teatro é uma coisa complexa. Como curador geral, vou viajar pelo mundo, e vou me encantar por espetáculos que não necessariamente estão na linha do teatro físico. "Ah, então não pode fazer parte da mostra, porque a mostra desse ano é teatro físico." No plano do desejo, nunca me senti confortável com essa restrição monotemática. Pensei na ideia de termos, ao contrário, alguns disparadores, alguns gatilhos, alguns elementos motores. Mais que motores, gostaria de pensar neles como nucleadores. E assim chegamos a um conceito que eu gosto: o dos núcleos vibratórios. Não teríamos um único sol como centro de várias órbitas, mas vários núcleos vibrando simultaneamente. Cada núcleo agregaria algumas obras, alguns trabalhos, algumas reflexões específicas. E devemos pensar ainda que os núcleos interferem uns nos outros, se irradiam e se contaminam mutuamente, se interpenetram.

Aplicando esses conceitos na edição de 2015 da MITsp, vê-se que temos três núcleos centrais ou principais: o que trata da relação teatro-cinema; o da questão "zonas de conflito", no sentido geopolítico mesmo; e o da desconstrução ou releitura de clássicos. São três núcleos? São, mas estão imbricados. Por quê? Porque se no núcleo "desconstrução de clássicos" você tem uma releitura de *Senhorita Júlia*, de August Strindberg,[6] esse mesmo espetáculo também vibra no núcleo "teatro-cinema", já que a releitura feita pela diretora

---

[6] August Strindberg é um escritor e dramaturgo sueco nascido em 1849, em Estocolmo, e falecido em 1912, na mesma cidade. Escreveu o livro *Fröken Julie* (Senhorita Julia) em 1888. O texto discute os limites impostos nas relações pelas diferenças sociais e raciais.

Katie Mitchell[7] se enquadra também nessa vertente. Podemos citar outro exemplo, dessa vez em relação ao núcleo "zonas de conflito". É fácil situar nele um trabalho como *Arquivo*, de Arkadi Zaides,[8] que coloca o dedo na ferida do conflito Israel-Palestina. Isso, é claro, explicita a questão da zona de conflito geopolítico. Porém, o modo como Arkadi Zaides se aproxima disso se dá a partir de documentos fílmicos os palestinos gravaram nos próprios territórios ocupados. E ele vai mimetizar esses documentos, que são projetados em cena, na presença do público. Ou seja, a relação audiovisual, o cinema ou o documentário e o corpo presencial estão todos ali. Portanto, *Arquivo* vibra no núcleo "zonas de conflito" e também no núcleo "teatro-cinema". Por isso, a ideia de núcleos me parece mais interessante que uma abordagem monotemática, justamente por permitir e estimular esses "atravessamentos" na constituição e no desenvolvimento da mostra.

MR:
Esse é o plano do prazer. E como se desenvolve o plano da realidade?

AA:
Ao começar a constituir uma mostra, você pensa "Eu quero trabalhar com zonas de conflito." Já que estamos falando de realidade, vamos a um exemplo concreto. Eu já tinha chamado o Arkadi, mas entendia que seria interessante também trabalhar com um grupo

---

[7] Katie Mitchell é uma encenadora britânica nascida em 1964. Conquistou reconhecimento pela combinação entre teatro e tecnologia multimídia. Foi diretora residente na Royal Shakespeare Company (1996-1998) e no Royal Court Theatre London (2000-2004) e, desde 1994, é associada ao Royal National Theatre, também em Londres. Com o teatro Schaubühne, em Berlim, fez *Senhorita Julia*.

[8] Arkadi Zaides nasceu na Bielorrússia, em 1979, e mudou-se para Israel em 1990, quando ingressou no grupo de dança contemporânea Batsheva Dance Company. Atualmente, vive e trabalha em Tel Aviv como coreógrafo independente.

palestino. Conferi duas produções palestinas, mas eram trabalhos teatralmente fracos. Decidi não convidá-los apesar de, no plano do desejo, ter querido estabelecer essa conexão. Vou dar outro exemplo. Pensando no núcleo "teatro-cinema", pensei em convidar uma releitura do John Cassavetes[9] feita pelo diretor belga Ivo van Hove.[10] Mas essa obra do Ivo van Hove não estava mais disponível. Aí, então, o que decidimos fazer? Criamos um projeto com Ivo van Hove, um diretor que tem trabalhado muito na relação teatro-cinema. O que conseguimos foi convidá-lo para criar uma obra com estreia na MITsp. Mas nem mesmo sabíamos se essa obra teria elementos audiovisuais, até porque o próprio artista ainda não sabia.

E também pode ocorrer de depois a mostra não ter o dinheiro para trazer o artista. E o artista ter deixado de fazer uma turnê porque ele combinou conosco. Isso cria um problema terrível de credibilidade para a mostra e também para o artista, que deixou de fazer uma turnê. Você percebe? É um campo muito delicado, muito complicado, e você tem que aprender a surfar nesse lugar. "Olha, eu acho que eu vou conseguir te trazer, mas eu não tenho certeza se eu vou ter o dinheiro pra isso." Alguns artistas conseguem lidar com essa dúvida e aguardarem uma resposta, outros não. E aí, com isso, você perde muitos espetáculos. Tive uma conversa com Carmen Romero, que é diretora e curadora do Festival Internacional Santiago a Mil,[11]

---

[9] John Cassavetes nasceu em 1929, filho de imigrantes gregos, e faleceu em 1989. Foi um ator e diretor de cinema norte-americano e realizador independente e experimental. Tornou-se uma referência devido a seu estilo quase artesanal de trabalho.

[10] Ivo van Hove nasceu na Bélgica, em 1958. É diretor da companhia Toneelgroep Amsterdam. O trabalho da companhia é caracterizado por abordagens contemporâneas inovadoras do repertório clássico e moderno. Atuou como curador de teatro, música, ópera e dança no festival anual da Holanda, de 1997 a 2004.

[11] O Festival Internacional de Santiago a Mil é realizado em Santiago, no Chile. Carmen Romero é a diretora da Fundação Teatro a Mil, instituição responsável pelo festival.

no Chile. Ela me disse que a história do festival que ela dirige se divide em dois momentos: o primeiro é o período em que o festival se sustentava sozinho. Isso durou vários anos, até que se iniciou a segunda fase, quando Carmen fechou uma parceria de três anos com um patrocinador. Então, ela sabe que terá recursos para fazer o festival durante três anos. Depois disso, ela não sabe mais. Mas há o lado positivo. Se Carmen quer levar um artista ou grupo para o Santiago a Mil e isso não é possível naquele instante, ela pode negociar e usar o tempo a seu favor. Não pode vir este ano? Nem no ano que vem? Então tá bom, que ele venha daqui a dois anos. Ou seja, ela consegue ter uma possibilidade mais concreta de construir o seu pensamento curatorial. O fato de as artes cênicas serem essencialmente presenciais complica a situação. Por exemplo, uma montagem estava comprometida a vir, mas um ator foi escalado para um filme e não pode vir. Resultado: a montagem não veio. Os complicadores são vários. E você ali, organizando uma mostra, tendo que fechar um conjunto de espetáculos para daqui a três meses! Eu acho que se enfrenta um princípio de realidade bem duro e cruel ao se fazer uma curadoria de artes cênicas.

MR:
Muitos curadores comentam que, ao definir a grade do festival, não têm necessariamente em mente todos esses discursos e conceitos. Depois de a programação praticamente consolidada é que eles se dariam conta de todas as relações que podem se estabelecer. Como ocorre com você?

AA:
Acho que existe mesmo um aspecto processual. Uma curadoria é como dirigir uma peça de teatro. Tem coisas que você sabe e coisas que você não sabe. Claro que há algumas intuições, existem algumas ideias, e aí, no lidar com a matéria, é que, de fato, você

vai conseguir materializar as suas próprias ideias e perceber outras, que não tinha se dado conta ainda. É estar entre aquilo que você projeta e aquilo que a própria realidade vai te oferecendo, e que vai te abrir outras possibilidades, ou fazer com que você possa compreender melhor aquilo que está fazendo. Por isso eu estabeleci um pouco essa relação entre dirigir uma peça de teatro e fazer a curadoria de um festival, percebo conexões entre essas duas funções.

MR:
É prática recorrente do Festival d'Avignon,[12] na França, estabelecer coproduções que correm o mundo levando o nome do festival. Nessa edição, de 2015, há a coprodução do Ivo van Hove. Seria a coprodução uma forma de levar para outros lugares uma aposta curatorial?

AA:
Eu diria que a coprodução, sobretudo, reforça sim uma aposta curatorial. Ela permite criar conexões com artistas. Você está junto desses artistas, participando da criação de suas obras, correndo o risco junto com eles. E entendo que faz parte de um festival correr riscos. Quando estrear o espetáculo do Ivo van Hove, pode ser que eu veja o pior trabalho do Ivo. Mas acho que não é problema correr esse risco, apostar. Eu iria mais longe: o festival deve abrir outros formatos de experimentação, em que os artistas não trabalhem necessariamente com espetáculos acabados e prontos para serem apresentados. Isso é algo que eu quero trazer para a MITsp. Apostar no risco, na aventura, no desconhecido - isso também é função de um festival, talvez uma de suas principais funções.

---

[12] O Festival d'Avignon foi criado em 1947 pelo francês Jean Vilar (1912-1971). Em 2017, o festival completou sua 71 edição.

JOÃO CARLOS COUTO MAGALHÃES (JANJÃO)

João Carlos Couto Magalhães é produtor e curador de artes cênicas. Nasceu no Rio de Janeiro (RJ), em 1950 e vive em São Paulo (SP). Atuou como diretor executivo e curador do Festival Internacional de Artes Cênicas de São Paulo (FIAC)[1] nas edições de 1995, 1996, 1998 e 1999, promovido por Ruth Escobar.[2] Desde 2004 é consultor para a programação internacional de teatro e dança do Teatro Alfa.[3] Em 2011/2012 foi curador de teatro e dança do Festival Europalia Brasil, na Bélgica.

Esta entrevista foi realizada em março de 2015.

---

[1] Foi pelas mãos de Ruth Escobar que surgiu o I Festival de Outono, posteriormente, intitulado I Festival Internacional de Artes (FIAC), em 1974. O FIAC realizou oito edições, entre 1974 e 1999.

[2] Ruth Escobar nasceu em Portugal, em 1936, e veio para o Brasil em 1951. Foi uma das produtoras de artes cênicas mais conhecidas no Brasil.

[3] O Teatro Alfa foi inaugurado em abril de 1998, em São Paulo. O espaço acolhe espetáculos de dança, óperas, orquestras, música popular, teatro e musicais.

MICHELE ROLIM:

Uma das coisas que me chamou a atenção no seu texto "A produção cultural brasileira: teatro e dança",[4] publicado pela Edições Sesc, é que você começa falando do seu trabalho como produtor, conta que se descobriu programador, e agora se intitula curador. Existe diferença entre programador e curador?

JOÃO CARLOS COUTO MAGALHÃES:

Quando você programa para um teatro, você não tem a responsabilidade de uma curadoria, você não precisa ter um "conceito" ou ter determinados pontos bem ligados, você pode ter a obrigação de que a casa lote, ou de que tenha espetáculos de excelente nível artístico, mas não é preciso que se tenha ne--cessariamente uma conexão naquilo que se está fazendo. É uma programação, que deve ser bem feita, que requer um certo conhecimento, mas eu acho que é bastante diferente da função do curador. O curador já busca uma linha, daquilo que ele quer dizer, de que forma e porque ele quer dizer. Tem muito mais conceito. A minha primeira referência de curador é o João Cândido Galvão,[5] que foi o curador em 1991 da Bienal de Arte de São Paulo, na qual trabalhei. Ele trouxe o *Suz/O/Suz*,[6] montagem do grupo catalão La Fura dels Baus,[7] e a

---

[4] Olivieri, Cristiane (Org.); Natale, Edson (Org.). *Guia brasileiro de produção cultural 2013-2014*, São Paulo: Edições Sesc, p. 267-281.

[5] Crítico de arte e dança. Trabalhou em diversos veículos como jornalista cultural. Em 1991, atuou como curador-geral da 21ª Bienal de Arte de São Paulo.

[6] Performance artística do grupo La Fura dels Baus que estreou em 1985 em Madri e se apresentou no Brasil em 1991.

[7] Grupo teatral catalão fundado em 1979 em Barcelona, conhecido por seu trabalho com o espaço teatral e o público.

Trilogia antiga,[8] criação de Andrei Serban.[9] O Galvão era uma pessoa que viajava e conhecia muito. Com a internet, tudo ficou muito mais fácil, eu acho que esse é o perigo, as pessoas acharem que podem saber de tudo pela internet.

MR:
Me parece que a figura do programador se estabeleceu quando os festivais começaram a se internacionalizar. O que você pensa sobre isso?

JM:
Eu acho que a figura do programador sempre existiu. É que agora temos muito mais salas e teatros. Há cerca de trinta anos, havia pouquíssimos teatros em São Paulo. Só que nessa época não se chamava programador, se chamava administrador. Era a pessoa que cuidava do teatro. Era a pessoa que, de certa forma, decidia o que iria entrar, e basicamente, a primeira preocupação dela era pagar o aluguel do teatro, ou seja, tinha que fazer com que aquele empreendimento fosse autofinanciável. Com uma série de incentivos, aumento dos espaços teatrais e entrada no mercado de empreendedores que não eram do ramo, começou a surgir uma figura que não era um administrador, mas que era algo intermediário, acabou virando uma espécie de administrador-programador.

MR:
Então o que determinou isso foi a mudança de mercado?

---

[8] Trilogia composta por *As troianas*, *Medeia* e *Electra*, com criação de Andrei Serban, na época à frente do Teatro Nacional de Bucareste, na Romênia. A peça foi convidada para a Bienal de Arte de São Paulo, em 1991.

[9] Andrei Serban nasceu em 1943, na Romênia, e é referência no teatro experimental. Desde 1992 é professor de teatro da Universidade Columbia, de Nova York.

JM:
A quantidade enorme de teatros novos que foram inaugurados, uma maior facilidade de produzir teatro, as leis de incentivo, eu acho que isso começou a mudar o mercado, e o mercado começou a precisar de profissionais com perfil diferenciado. A mudança veio de fora pra dentro, ela não começou dentro daquele núcleo de profissionais que foi se especializar. Foi o mercado que demandou um tipo de profissional que, até então, na área de teatro, não existia. Foi aí que começou a surgir a necessidade de ter um profissional com um perfil um pouco diferenciado daquele administrador que apenas contratava os espetáculos – e então começa a aparecer o programador, que é a pessoa que tem uma visão de mercado e que vai atrás dos espetáculos. Assim como eu acho que o curador também começa a existir a partir do mercado.

MR:
No seu caso, especificamente, como é que uma coisa levou a outra?

JM:
Eu nunca me contentei em fazer uma coisa só. A minha formação é de ator, eu fui ator por 17 anos, e fui dramaturgo. Mas, naquela época, você não tinha produtor. Era muito raro. Mas ninguém sobrevivia só de teatro, a não ser que fizesse televisão, ou tivesse um grande nome, então eu comecei a fazer produção. Tudo começou em 1991 com o João Cândido Galvão. E, como programador, eu comecei a sugerir coisas para o Sesc. Eu lançava ideias interessantes sobre espetáculos que eu tinha visto e dos quais gostava muito, mas eu não tinha que apresentar uma proposta com um número determinado de espetáculos em um espaço de tempo, e nem o que eu estava querendo dizer com aquilo. O curador veio sem eu perceber – foi quando eu recebi o convite de fazer a consultoria da programação internacional

de dança no Teatro Alfa – então eu pensei: bom, agora eu não vou ser só programador, porque agora eu tenho que achar uma conexão. A experiência é que te transforma em curador. O que você fez durante toda a sua vida? O que você viu? Como você viu? Como você se relacionou com as artes cênicas? Então, eu acho que o curador tem que ter uma experiência e uma vivência maiores.

MR:
Como funciona a curadoria para você?

JM:
O trabalho do curador é um diálogo com o público. O curador, hoje em dia, tem que ter uma preocupação com o público. Não estou falando em lotar os teatros com fins comerciais, mas o curador tem que pensar: eu não estou fazendo para mim, eu estou fazendo para o público. Hoje em dia tem mais público do que antigamente. Eu me lembro do festival da Ruth Escobar, e não era tudo que lotava. Melhorou – por conta da própria atuação da mídia, os festivais já começaram a ter uma visibilidade muito maior. O dinheiro também ajudou. Através das leis de incentivo, você consegue botar mais anúncios em jornais, você abre mais discussões. Mas, como curador, você tem que estar sempre acrescentando um outro público, senão vai estar falando sempre para as mesmas pessoas.

Quando o Robert Wilson[10] veio pela primeira vez ao Brasil, em 1974, para apresentar a peça *A vida e o tempo de Joseph*

---

[10] Robert Wilson, também conhecido como Bob Wilson, nasceu em Waco, no Texas em 1941. É encenador, cenógrafo, coreógrafo, dramaturgo, iluminador e sonoplasta. É considerado pela mídia com um dos artistas de vanguarda do teatro mundial.

Stalin,[11] no Festival Internacional de Artes (FIAC), aquilo fez a cabeça de uma série de diretores de teatro. Mas, naquela época, você contava nos dedos quem saía do país para ver espetáculos. Hoje em dia, não. Mas eu acho que o outro público, o público geral, me interessa muito, porque ele é responsável por uma mudança de mentalidade e isso é uma questão de sobrevivência do teatro e do que fazemos.

MR:

Duas edições do FIAC das quais você participou eram, digamos, temáticas: a 7ª edição, de 1998, com o tema "A presença do sagrado nas artes", e a 8ª edição, de 1999, com o tema "Diáspora cigana". Você acha que um festival temático funciona, ou se torna engessado?

JM:

Existem temas que são, também, conceitos. Quando você tem um conceito, mesmo que você tenha duas ou três linhas de abordagem, se você consegue amarrar as coisas, você tem um painel. Um festival temático eu acho que não funciona. Por quê? Porque de repente você cria um tema e daí você pensa: como o espetáculo que eu vi vai se encaixar com esse tema? Agora, quando você tem um conceito, você consegue trabalhar. Às vezes, você pode trabalhar com um conceito que chegue a um tema. Houve um tempo em que festivais temáticos foram moda. Me lembro de um festival que fiz com a Ruth Escobar em 1996, que me perguntaram: qual é o tema? Eu respondi: "A qualidade e a excelência." Às vezes, você quer trabalhar dentro de um determinado conceito. Aí, de repente, você vê um espetáculo que é deslumbrante e não tem nada a ver com aquele

---

[11] A peça foi apresentada em 1974 no Theatro Municipal de São Paulo. Wilson retornou para o Brasil diversas vezes a partir de 2009.

conceito. E é extremamente importante, naquele momento, que as pessoas vejam aquilo. Então, temos que ter um conceito mais flexível e maleável.

MR:
Existe uma diferença entre curador e diretor artístico?

JM:
Eu acho que esta vai ser uma tendência no futuro porque, talvez se acrescente mais pessoas para fazer o mesmo trabalho. Para que se tenha outros pontos de vista. Isso já existe na Europa. O Festival d'Automne à Paris[12] tem uma pessoa para teatro, uma pessoa para dança, uma pessoa para música, e tem uma figura central: o diretor artístico. Ele é quem dá a linha, ou que faz a ligação nas diversas áreas. Ele é o responsável por reunir as divergências e fazer ideias convergirem.

MR:
Você acha que o setor das artes cênicas, diferente do das artes visuais, vem se estruturando aos poucos no Brasil?

JM:
A Bienal Internacional de São Paulo começou em 1951, e você tinha trabalhos somente de artes plásticas no começo. O Galvão foi quem começou a trazer teatro e dança na Bienal, apenas em 1991. O surto de fortalecimento de instituições como o Sesc e o Sesi também foi extremamente importante por conta dessa descentralização que eles efetivamente fizeram, com teatros em vários pontos na cidade, coisa que os governos não foram capazes de promover. São uma série de fatores. Você começa

---

[12] Festival internacional e multidisciplinar, que ocorre desde 1972.

a entender que as coisas estão muito ligadas à infraestrutura, ao crescimento econômico e a uma série de outras coisas que não existiam antes. Começamos a descobrir todo o Brasil, em termos de artes, muito recentemente. Antigamente, era só o eixo Rio-São Paulo. Não acontecia nada fora desse eixo. De repente, as coisas foram mudando e hoje existem festivais em diversos estados.

MÁRCIA DIAS

Márcia Dias é consultora de projetos artísticos e culturais e de gestão empresarial e financeira. Nasceu em 1963 no Rio de Janeiro (RJ), onde vive. Realiza a direção geral e curadoria do TEMPO_FESTIVAL – Festival Internacional de Artes Cênicas do Rio de Janeiro desde o seu surgimento em 2009. Em 2016, foi convidada para fazer parte da comissão curadora do FRINJE – Festival de Artes Cênicas de Madri. Seu mais novo empreendimento é o Sistema WebCultural, voltado para a gestão de empresas e projetos culturais.

Esta entrevista foi realizada em maio de 2017.

MICHELE ROLIM:
O TEMPO_FESTIVAL é relativamente recente, se comparado a outros festivais. Em que contexto ele surgiu, no Rio de Janeiro?

MÁRCIA DIAS:
O TEMPO_FESTIVAL é um desdobramento do Riocencontemporanea, que aconteceu de 2000 a 2008. E o TEMPO_FESTIVAL surgiu em 2009 e acontece até hoje. São 17 anos de realização do festival.

O Riocenacontemporanea[1] era realizado por cinco sócios, e quando eu, Cesar Augusto[2] e Bia Junqueira[3] assumimos o festival, sentimos vontade de mudar, não só por conta da saída dos dois outros sócios, como também por achar que o modelo de "mostra" havia envelhecido. Partimos para um modelo de festival que investe no tempo da criação, acompanha o desenvolvimento artístico das peças em todas as suas etapas: do pensamento à realização. Queríamos um festival que fomentasse a criação e possibilitasse a divulgação de grupos e companhias consagrados ao lado de novos artistas.

MR:
Você assina a curadoria, e também a coordenação, ao lado de Bia Junqueira e Cesar Augusto. Essa curadora compartilhada facilita ou dificulta o trabalho?

MD:
Nem facilita, nem dificulta. Isso traz olhares distintos, um diferencial na escolha da programação.

---

[1] O Riocenacontemporanea surgiu em 2000 e realizou oito edições.

[2] Cesar Augusto é ator, diretor e produtor. Membro da carioca Cia dos Atores desde a sua formação na década de 1990. É codiretor geral e cocurador do TEMPO_FESTIVAL.

[3] Bia Junqueira é diretora de Arte e cenógrafa. É codiretora geral e cocuradora do TEMPO_FESTIVAL.

MR:
Mas como vocês fazem para escolher os espetáculos? Tem alguém mais responsável pela curadoria e outro pela gestão? Como é feita a tomada de decisões?

MD:
Temos os mesmos pesos e decisões. Baseado no espetáculo que mais se adéqua ao objetivo da curadoria naquela edição e também com base nos custos e relações desenvolvidas durante o processo de criação.

MR:
Para você, qual a diferença entre curadoria e coordenação?

MD:
A grande diferença é que a curadoria requer um conhecimento artístico — é importante perceber os movimentos do mercado e do público. Trata-se de uma maneira diferente de organização. O coordenador chefia, comanda, organiza. Sua atuação está voltada para a gestão e para o empreendedorismo.

MR:
Não seria a função de um gestor se preocupar com os movimentos do mercado? Em que sentido você fala de mercado?

MD:
Me refiro ao contexto da criação. Tendência, momento, circunstância... O mediador entre o consumo e o produto artístico.

MR:
Como, nessa composição de curador-coordenador, o modelo artístico acaba sofrendo interferência do modelo de gestão e vice-versa?

MD:

O que acontece é uma interferência positiva: uma objetividade na organização, um cuidado no compromisso com os artistas, a busca da programação com base na possibilidade de sua realização.

MR:

Quando o curador é convidado apenas para exercer a curadoria, sem se preocupar com a organização etc., ele não fica mais disponível para pensar essa curadoria?

MD:

Não necessariamente. Pode funcionar para alguns festivais, mas para outros, não. O que nos difere é exatamente esse compromisso do olhar curatorial com o de gestão. Tivemos uma crítica que resumiu: O TEMPO_FESTIVAL consolidou a marca no cenário nacional a partir de um olhar atento e curioso por novas formas de linguagem, pela liberdade de assumir riscos e, acima de tudo, pelo modo singular de pensar a programação artística.

MR:

Na sua opinião, pode-se dizer que a curadoria tem uma autoralidade?

MD:

Se fizermos uma avaliação das práticas curatoriais, de sua capacidade de intervir propositivamente, no sentido do trabalho artístico, podemos dizer que é autoral, mas sem a pretensão de assinatura de uma obra. Também, como exemplo, no processo da curadoria do TEMPO_FESTIVAL, é possível observar claramente a "autoria" da proposta curatorial para uma nova edição de cada um dos diretores.

MR:

Como o TEMPO_FESTIVAL se preocupa com a memória escrita das artes cênicas?

MD:

Com a criação, em 2009, do TEMPO_CONTÍNUO, que nunca se contentou em oferecer apenas as informações básicas sobre as atrações do festival. Mais do que isso, a ideia era transformar o site em um espaço virtual de troca de informações sobre a cena contemporânea global. Após sete anos, posso afirmar que alcançou com êxito os seus objetivos; além de ser o local onde o público pode encontrar, de forma rápida e acessível, todas as informações a respeito das atividades do festival, oferece uma coleção multimídia sobre as artes cênicas do Brasil e do mundo, disponível e atualizada durante os 365 dias do ano. Os artistas que integram nossa programação refletem o olhar permanente do TEMPO sobre a produção contemporânea. Durante o ano, são estabelecidos diálogos com diversos criadores, cujas expressões artísticas são estimuladas pelo festival e o público tem a oportunidade de ter acesso às inovações da cena atual. Mais do que um banco de dados, é uma plataforma de tendências e referências sobre a produção cultural do século XXI.

MR:

É possível encontrar em algumas edições do TEMPO_FESTIVAL alguns recortes geográficos. Seria essa a saída para deixar mais explícito ao público um recorte curatorial?

MD:

Não desenvolvemos recortes com esse objetivo. Pesquisamos por muito tempo a produção de artes cênicas de um determinado país, na busca por trazer ao Rio de Janeiro uma curadoria que reflita a cena de um determinado lugar, que represente a diversidade cultural e que abarque a multiplicidade de linguagens cênicas, seus desafios e mais diversos aspectos. Com esse foco apresentamos recortes geográficos de diferentes países: em 2010, o recorte da cena chilena; em 2011, da argentina; em 2012, da holandesa; em 2014, da espanhola; e, em 2016, da cena polonesa; mas sem o compromisso de, a cada edição, ter que apresentar um recorte geográfico.

MR:
O objetivo, então, é apresentar a produção de outros países?

MD:
O principal objetivo é apresentar diferentes contextos, para que o público possa conhecer um pouco mais do desenvolvimento artístico de um país, de uma região.

MR:
Os festivais estão vivendo uma crise, que envolve tanto conceituação como recursos financeiros. Como você enxerga essa questão?

MD:
Não vivemos a crise da conceituação, resolvemos esse problema em 2009, na própria criação do TEMPO_FESTIVAL, mas é importante estar sempre se reinventando. A crise financeira não é uma crise dos festivais, é uma crise do país, do mundo. Desenvolvemos o conceito do TEMPO_FESTIVAL em 2008 e, em 2009, a crise financeira se estabeleceu no mundo. No Brasil, chegou mais tarde, sustentada por um momento político. Se fizermos uma análise, criamos um festival na crise e, a cada edição, a dificuldade financeira vem estimulando a criatividade no processo curatorial e na gestão.

MR:

A tendência dos festivais é ter uma pessoa para a coordenação e outra ou outras especificamente para pensar a curadoria sem se envolver com as intempéries da produção?

MD:

Pode ser até uma tendência, mas na prática, sobretudo nos festivais realizados no Brasil, a realidade é a aproximação dessas funções.

MARCELO BONES

Marcelo Bones é diretor teatral. Nasceu em 1960, em Belo Horizonte (MG), onde vive até hoje. Foi diretor artístico do Festival Internacional de Teatro Palco & Rua de Belo Horizonte (FIT-BH)[1] nas edições de 2004 e 2012, além de consultor de vários festivais no Brasil e Portugal. Foi diretor de artes cênicas da Funarte/Minc de 2009 a 2011. É diretor do grupo Teatro Andante[2] e criador do site Observatório dos festivais.[3]

Esta entrevista foi realizada em abril de 2013.

---

[1] O Festival Internacional de Teatro Palco & Rua de Belo Horizonte (FIT-BH) ocorre a cada dois anos na cidade de Belo Horizonte (MG). Foi criado em 1993 por iniciativa do governo municipal através da união de duas propostas de festivais internacionais: uma de palco, feita pela direção do Teatro Francisco Nunes e outra, de rua, feita pelo Grupo Galpão.

[2] O Grupo Teatro Andante foi criado em 1990 por Marcelo Bones e Ângela Mourão. Entre seus espetáculos estão: *Musiclown* (1998), *Olympia* (2001) e *A história trágica de Édipo* (2008).

[3] O Observatório dos Festivais é um site que existe desde agosto de 2014 com os objetivos de divulgar, pesquisar e produzir conhecimento sobre festivais de artes cênicas no Brasil. Também é produzido pelas atrizes Ângela Mourão e Bruna Sobreira.

MICHELE ROLIM:

Qual o papel de um curador em um festival de artes cênicas? Como ele se define?

MARCELO BONES:

Temos que entender o papel do curador como algo dinâmico, como uma função que foi ganhando perspectivas ao longo da história. Para entendermos esse processo, é preciso estender um "tapete" de pensamentos sobre os festivais, que estão em constante movimento. Há cerca de vinte, trinta anos, os festivais se propunham o papel de colocar em cena as novidades – o que era diferente, tentando apresentá-las ao público – e, eventualmente, traçar-lhes as trajetórias. Hoje, esse papel já não está na centralidade dos festivais. Creio que isso aconteça por várias razões: as pessoas e os grupos teatrais circulam muito mais, hoje temos a internet, podemos assistir a DVDs, há meios que facilitam o acesso à produção de fora. Os festivais estão tentando entender que papel devem assumir agora. Acredito que entre as novas responsabilidades está a construção de um discurso sobre grandes questões. Já percebo que os festivais estão deixando de ser uma coleção de grandes espetáculos para se dedicarem à construção de um discurso sobre alguns temas. Buscam marcar posição como interlocutores de grandes temas que preocupam a cidade.

MR:
Você consegue determinar o início desse processo?

MB:
Já há uns cinco anos percebo o desgaste progressivo da fórmula da coleção de grandes espetáculos, em que se convida uma atração daqui, outra dali, e assim se constrói a programação. Isso não

contribui para a construção do *discurso* dos festivais, e muitos deles estão superando isso. Nem todos, e cada um a seu modo. Vários festivais hoje trabalham com a construção de uma discussão sobre temas relevantes para a sociedade ou mesmo sobre o próprio teatro.

MR:
Mas afinal o que é um curador?

MB:
Ainda estamos tateando nessa questão. Talvez possamos definir um curador como alguém que acompanha os trabalhos dos artistas e que, a partir disso, convida as atrações para o festival. Dessa maneira, nos afastamos daquela figura que simplesmente recebia vídeos dos grupos e armava a grade de programação, e redefinimos esse papel como o de um agente da engenharia de reunir determinados espetáculos e construir um discurso. Para isso, é necessário se aproximar um pouco da ideia do curador das artes visuais, que acompanha não a obra do artista, mas o ateliê dele, próximo ao processo de criação. Acho que isso interessa mais. Então, o fenômeno de os festivais emprestarem legitimidade a algum espetáculo ficou mais enfraquecido, apesar de termos presenciado isso em vários momentos. Acredito que nem por culpa dos curadores e programadores, mas pela dificuldade de circulação que se tinha. Os programadores e curadores costumam se atualizar pelo que assistem em outros festivais, e, quando um espetáculo se destaca, existe a tendência de ele garantir espaço em outros festivais. O fator presencial é importante: a gente trabalha com uma matéria muito viva, que é o teatro, e sabemos que mesmo um olhar treinado não consegue apreender com tanta potência um espetáculo quando assistido em vídeo.

MR:

Você citou as artes visuais. Nesse campo é visível o embate de autoria entre artista e curador. Isso acontece nas artes cênicas?

MB:

Acho que estamos caminhando para isso, ou seja, o curador é responsável pela definição de um recorte, o que claramente lhe empresta uma "autoralidade". Infelizmente, temos muito pouca pesquisa sobre os festivais. Até os próprios eventos têm dificuldade em contabilizar quantas vezes a Espanha esteve presente em sua programação, qual a presença de montagens de fora do Rio e São Paulo etc. Estamos começando a engatinhar na definição de curadoria, mesmo que vários festivais mantenham por anos o mesmo curador, o que facilitaria a percepção de um caráter para o evento. Temos vários festivais que exibem essa "autoralidade", mesmo que às vezes sem intenção.

MR:

Ainda tomando as artes visuais como parâmetro, normalmente é mais fácil para o curador trazer as obras de arte para uma exposição, pois ele sabe de fato como é a obra antes de trazê-la. Nas artes cênicas, as obras são pessoas e o teatro é algo efêmero que sofre mudanças ao longo do tempo. Isso diferencia a curadoria das duas áreas?

MB:

Certamente. Nas artes visuais, o curador trabalha com as obras. Nas artes cênicas, o curador trabalha com as obras e com os autores. São especificidades de cada linguagem. No caso das artes cênicas, isso implica um desafio adicional para o programador de festival. Muitas vezes ele tem que lidar com a questão de custos – por exemplo, é muito diferente convidar uma obra com dois atores e uma obra com vinte atores. Todos já passamos por essa imposição de ter que reduzir custos e optar por monólogos ou peças com dois ou três atores. Aí começa a ficar mais difícil. Por outro lado, percebo que estamos superando aquela questão de ostentar grandes números. Quantos espetáculos você leva? Que países você leva?

MR:
E quanto à diferença entre o que são o programador e o curador?

MB:
Difícil dizer. Temos de esperar um pouco, ver o que acontece, acompanhar a especialização que está em curso. Além dessas, outras nomenclaturas que ainda não sabemos definir claramente são as do diretor artístico, do programador e do coordenador, que muitas vezes estão concentrados numa pessoa só. No teatro, temos a tradição do "pouco recurso", o que, de alguma maneira, inviabiliza a consolidação de cada função. Os responsáveis pelos festivais não sabem como será o próximo ano em termos de orçamento financeiro, então fica muito difícil prever que orçamento se tem para cada coisa. Acaba um festival e recomeça do zero.

MR:
Como o curador interfere nas ações formativas nos festivais?

MB:
Essa é outra crise que estamos enfrentando. A ideia de promover "ações paralelas" – a expressão já dava a dimensão delas – esgotou-se completamente. Anos atrás, você promovia uma oficina de um grupo convidado que era de uma importância incrível. Só que isso já perdeu o significado pelo mesmo motivo que falamos antes: os grupos e as pessoas circulam mais, há muitas oficinas acontecendo nas grandes cidades o tempo

todo. Hoje, em vários festivais, você tem debates onde não vai ninguém, há oficinas que não têm potência. Por isso, creio que a saída encontrada pela MITsp foi trocar essa ideia de crítica, formação e espetáculo separados por colocar todos juntos. E parece que está funcionando.

MR:
Uma forma de aproximar o festival da comunidade são os pontos de encontro.[4] Eles ainda são importantes ou perderam o sentido?

MB:
Os festivais têm que entender que não são feitos apenas para os artistas. Todos os festivais são financiados, ao menos em parte, com dinheiro público, então há toda uma dimensão pública que eles devem ter. É aí, na construção da imagem de um festival, que os pontos de encontro entram. Eles criam e reforçam a imagem e a ideia de um evento que é uma festa, além disso, incorporam outra camada de relacionamento. Uma camada é eu, Marcelo, um artista, ver seu espetáculo, e depois te encontrar, comentar o que vi; outra camada é aquela do espectador que vai ver o espetáculo e depois sai para comer uma pizza. E há outra camada, trazida pelos pontos de encontro, que é a da celebração, criando um referencial de prazer para a cidade. Mesmo que seja um show musical, é celebração. Nesse ponto, quero apontar um perigo. Quando a música aporta na programação dos festivais, entra com uma potência muito grande porque tem mecanismos e capacidades diferentes daqueles do teatro. O teatro é feito para poucas pessoas, isso é um traço histórico. Mesmo que um espetáculo de rua que reúna 3 mil pessoas, ainda assim isso é pouca

---

[4] Os Pontos de Encontro são espaços que existem dentro dos festivais de artes cênicas que buscam reunir artistas, espectadores e o público, em geral.

gente, se comparado com eventos de música. Cada festival vai descobrindo suas soluções. O FIT, de Belo Horizonte, tem uma tradição fortíssima de ponto de encontro. No ano passado, não aconteceu, e as pessoas cobraram isso. Não era exatamente aquele lugar onde os artistas se encontravam com os espectadores, mas criou uma programação musical bacana, com uma equipe de curadores criada para isso. É isso que constrói uma imagem e faz parte desse discurso que o festival produz.

MR:
Por muito tempo, a arte negou a importância do dinheiro na concretização de projetos. Como isso aparece dentro dos festivais?

MB:
No Cena Contemporânea – Festival Internacional de Teatro de Brasília, os grupos se encontravam com alguns programadores. O FIT, de Belo Horizonte, também promoveu isso em 2012 e foi muito interessante. Em 2014, sob minha coordenação, repetiu-se o encontro num formato diferente. Mas por repetiu-se, quero dizer que os festivais começaram a abraçar o entendimento de que se constituem em espaço de encontro e de aproximação entre programadores, artistas e espetáculos. No Brasil, ainda não temos uma feira de teatro sistematizada. Seria uma mudança também na mentalidade dos próprios artistas, que estão, de alguma maneira, superando o trauma de se apropriarem de conceitos capitalistas como *mercado* e *negócio*. O artista considerava essa aproximação até meio criminosa. Mas isso gera uma nova situação, para a qual temos de nos valer de novos procedimentos. Todos querem vender, porque todo mundo quer viajar, quer descobrir e ampliar seu público, quer encontrar outros artistas, e também quer ser remunerado pelo seu trabalho. Mas, como tudo na vida, essa atitude de venda

precisa contar com algumas técnicas, com uma metodologia, porque muitas vezes você dispõe de apenas cinco minutos para apresentar o seu trabalho. O que é que você vai fazer? O que é importante falar? Assim como fizemos o espetáculo para *capturar* o espectador, também temos de *capturar* os programadores.

EID RIBEIRO

Eid Ribeiro é diretor teatral e autor. Nasceu em 1943, em Caxambu (MG), e vive em Belo Horizonte (MG). Atuou como curador do Festival Internacional de Teatro Palco & Rua de Belo Horizonte (FIT--BH) nos anos de 1994, 1996, 1998, 2000, 2002, 2006 e 2008.

Esta entrevista foi realizada em outubro de 2014.

MICHELE ROLIM:
O Festival Internacional de Teatro, Palco e Rua de Belo Horizonte começou em 1994 e você fez parte de sua criação. Qual era a ideia inicial do festival?

EID RIBEIRO:
Queríamos fazer um festival que abrisse Belo Horizonte internacionalmente, trazendo espetáculos de fora tanto para o palco quanto para a rua e, em geral, espetáculos de grupo. Por quê? Porque são os espetáculos de grupo que mantêm o repertório e

têm maior profundidade estética, conceitual, dramatúrgica etc. E também queríamos uma diversificação, para mostrar ao público e para o próprio meio artístico de Belo Horizonte que não existe uma só maneira de se fazer espetáculo. Pensamos, então, em organizar oficinas e workshops em diversas áreas. Nós reuníamos grupos de Belo Horizonte, não só da classe teatral, e fazíamos uma pesquisa que indagava do que Belo Horizonte necessitava. O festival permitiu a Belo Horizonte essa abertura a outras tendências do teatro no mundo, e, ao mesmo tempo, fomos abrindo novos caminhos para as pessoas de Belo Horizonte, para o seu meio teatral. Mas não foi só o teatro que usufruiu desse movimento; a partir do FIT-BH surgiram os outros festivais na cidade.

MR:

Os outros festivais que surgiram, em Belo Horizonte, como o Festival Mundial de Circo,[1] o Festival Internacional de Teatro de Bonecos,[2] o Fórum Internacional de Dança (FID),[3] são independentes, mas o FIT-BH pertence à Fundação Municipal de Cultura de Belo Horizonte. O que muda?

ER:

Eu acho que um festival ser independente é essencial. Acho que nossa relação com o poder implica em burocracia e jogo

---

[1] O Festival Mundial de Circo realizou sua primeira edição em 2001. O objetivo do festival é a difusão e formação de público para o circo, a preservação da memória das artes circenses e a formação e o aperfeiçoamento de artistas e grupos da área.

[2] O Festival Internacional de Teatro de Bonecos realizou sua primeira edição em 2000. O festival reúne teatro de bonecos, teatro de sombras, teatro de formas animadas e teatro de objetos.

[3] O Fórum Internacional de Dança foi criado em 1996, sob a denominação de Festival Internacional de Dança. Desde sua primeira edição, tem como compromisso trabalhar pela difusão, reflexão e formação de novos públicos e criadores no campo da dança contemporânea. Em 2001, alterou a sua denominação de festival para fórum e suas atividades passaram a ser realizadas de forma extensiva ao longo do ano.

político. Então, a minha saída do FIT-BH foi por isso, você não sabe o quanto de verba vai ter, se vai ter, e o que você pode trazer, então chegou a um ponto em que eu pensei: não dá mais pra aguentar isso. Essa era uma grande angústia, não sabíamos o que poderíamos trazer e, ao mesmo tempo, não podíamos furar com o grupo. O festival é bienal e ocorre justamente no mês de junho, ou seja, durante a alta temporada na Europa. Era um desafio fazer o grupo deixar de curtir as férias para vir a Belo Horizonte, que ninguém conhece fora do segmento comum. Dizíamos, então, que Belo Horizonte era do lado do Rio de Janeiro.

MR:
O dinheiro chegava quanto tempo antes de o festival acontecer?

ER:
Dois meses. Ao mesmo tempo, não tínhamos uma equipe da prefeitura ou da Fundação Municipal de Cultura pra correr atrás de parceria. Isso é função da Fundação, mas a Fundação nunca corria atrás. O festival é bienal e coincide com eleições, isso dificultava demais. Quisemos trocar, mas não conseguimos. Enfim, uma série de exigências vão acontecendo e chega um ponto em que o único caminho foi um "até logo".

MR:
O Carlos Rocha[4] assinava a coordenação geral, mas quem era o responsável por escolher os espetáculos?

---

[4] Carlos Rocha, o Carlão, nasceu em Belo Horizonte, em 1953. É diretor, produtor, iluminador e preparador corporal e foi um dos idealizadores do FIT-BH, no qual atuou como coordenador-geral por oito edições.

ER:

No início era eu, depois a curadoria foi compartilhada com outras pessoas, como o Richard Santana.[5] Quando tínhamos mais possibilidades financeiras, viajávamos para festivais como o Festival Internacional de Teatro de Caracas,[6] depois para o Festival Iberoamericano de Teatro de Bogotá,[7] que é um festival que trabalha com cinco continentes, e isso possibilitou termos acesso a essas culturas. Fomos a Avignon, Equador, Uruguai, Argentina, Edimburgo etc. Então íamos assistir, e, se gostássemos do espetáculo, fazíamos o contato direto. Sempre trouxemos espetáculos de várias partes do mundo e sempre tratamos da mesma forma grupos conhecidos e desconhecidos. Todos ficavam hospedados no mesmo hotel, comiam da mesma comida – diferente de festivais que fazem essa discriminação. Discutíamos muito isso também – o tratamento era igual pra todos. Pagávamos passagem de todos os grupos, hospedagem e cachê – esse sim era diferenciado. Por exemplo, em um monólogo, a pessoa não pode ganhar a mesma coisa que um espetáculo que tem quinze atores.

MR:

Havia uma preocupação conceitual na hora de montar a grade da programação?

---

[5] Richard Santana é venezuelano e foi curador, ao lado de Eid Ribeiro, do FIT-BH nas últimas edições coordenadas por Carlos Rocha.

[6] O Festival Internacional de Teatro de Caracas nasceu 1973, por iniciativa de Carlos Giménez (1946-1993), diretor do grupo de teatro Rajatabla.

[7] O Festival Iberoamericano de Teatro de Bogotá (FITB) nasceu em 1988. Ele acontece a cada dois anos na cidade de Bogotá, Colômbia. Foi dirigido e produzido por Fanny Mikey (1930-2008), atriz e empresária cultural, até sua morte.

ER:

Isso é o maior quebra-cabeças. Sempre conversávamos com o diretor, ou com o produtor, sobre qual seria o espaço ideal para a realização do espetáculo. E fazíamos uma grade que dava para o público assistir a todos os espetáculos. Outra coisa que fazíamos questão era fazer do FIT-BH um festival popular. Como ele não tem fins lucrativos, porque é da prefeitura, nossos ingressos eram baratíssimos. Podia ser um espetáculo no Plácio das Artes, com uma ultraprodução, ou um espetáculo muito menor, mas o preço do ingresso era igual. Não tinha uma diferenciação de preço baseada em se o espetáculo era internacional, nacional ou local.

MR:

Como funcionava o ponto de encontro e qual era a importância dele dentro do festival?

ER:

Nosso ponto de encontro é festa. Sempre fizemos o ponto de encontro no Parque Municipal, usando o Teatro Francisco Nunes como restaurante e o parque como espaço para as barracas. O ponto de encontro era quase um outro festival – tinha teatro, performance, música etc. Havia o diretor do ponto de encontro, que fazia a sua curadoria. O Tom Zé[8] já esteve no ponto de encontro. Reuníamos em media 5 mil pessoas no Parque Municipal.

---

[8] Tom Zé nasceu na Bahia, em 1936. É compositor, cantor, performer, arranjador e escritor. É um dos nomes mais importantes da música popular brasileira, tendo participado ativamente do movimento musical conhecido como Tropicália nos anos 1960.

MR:
Você acha que foi uma forma de o festival conversar mais intimamente com a cidade?

ER:
Totalmente. Era impressionante. Para dialogar com a cidade, também fazíamos o festival em todas as regionais de Belo Horizonte, que eram nove. Levávamos tanto os espetáculos internacionais como os brasileiros, qualquer um que coubesse na grade. Então, a cidade participava do festival: os preços eram baixos, populares, e envolvíamos todo o pessoal das regionais.

MR:
Havia, na época, uma preocupação em fazer com que as produções internacionais circulassem entre os festivais, até como uma forma de diminuir os custos?

ER:
Houve, mas pouco, porque às vezes um grupo não combina com a identidade de um determinado festival, e tem também as vaidades envolvidas. "Vamos trazer o Peter Brook,[9] mas tem que estrear no meu festival!" Sabe, esse tipo de coisa? A gente já trouxe espetáculos internacionais, mas estrearam em Porto Alegre. Outros estrearam no Rio, e depois vieram a Belo Horizonte; assim como outros estrearam em Belo Horizonte e depois foram para o Rio, no Cena Contemporânea, que foi com quem mais fizemos dobradinhas.

---

[9] Peter Brook nasceu em 1925. É um encenador britânico e um dos grandes mestres do teatro moderno. Em 2000, ele esteve pela primeira vez no Brasil, dirigindo a peça *Le Costume*, no festival internacional Porto Alegre Em Cena.

MR:
Para encerrar, gostaria que você definisse o que é ser curador.

ER:
Eu acho que ser curador é ter um olhar obviamente pessoal, um olhar sensível e conhecimento da criação artística. Eu acho que me convidaram mais por causa do meu olhar diversificado e do criador que eu sou, e foi isso que eu procurei trazer para o festival. Ser curador envolve muita responsabilidade, no sentido de que você não vai agradar a todo mundo. Então, tem muita tensão e escutar as pessoas reclamarem era o mais difícil.

ALEXANDRE VARGAS

Alexandre Vargas é ator, diretor teatral e produtor. Nasceu em 1970, em Porto Alegre (RS), onde vive até hoje. É idealizador do Festival Internacional de Teatro de Rua de Porto Alegre.[1]

Esta entrevista foi realizada em dezembro de 2016.

MICHELE ROLIM:
Podemos começar contextualizando um pouco o momento pelo qual os festivais estão passando?

ALEXANDRE VARGAS:
Estamos vivendo um momento significativo, de reposicionar os festivais, e isso não está desassociado do contexto mundial. No Brasil, a estruturação dos festivais em termos financeiros, de

---

[1] Criado em 2009, o festival, desde sua primeira edição, tem como objetivo oferecer ao público um novo olhar para a silhueta urbana.

políticas públicas e de mapeamento do setor nunca aconteceu. Ninguém é capaz de dizer, hoje, quantos festivais existem no país. O poder público precisa perceber os festivais como um dispositivo de amplificação e difusão da cultura do país. Do ponto de vista do financiamento, não se pode usar para os festivais a mesma lógica dos projetos pontuais. Temos espetáculos reféns do modelo de produção, precisando começar do zero em termos de financiamento a cada nova edição. Então, esse modelo de produção acaba impactando na maneira de realizar a curadoria.

MR:
Como o curador pode contribuir para transformar esse momento, para que se reinvente os formatos dos festivais?

AV:
Primeiramente, é preciso que o curador se torne de fato curador. Que tenha a função de problematizar a escolha dos espetáculos, que tenha função crítica e estruturante. Que o curador saia da vaidade artística e também vá para todos esses campos de pensamento. Porque os curadores têm uma noção muito clara das necessidades objetivas de um festival e eles podem falar sobre isso e ajudar a estruturar os festivais. A curadoria dos festivais hoje, no país, não vem fazendo esse serviço necessário, que é o da reflexão. Claro, também tem muita gente que faz um esforço tremendo para erguer um festival e ter ali um traço mínimo de curadoria. E essa curadoria se expande a partir do escopo daqueles dias de execução do festival, e vai reverberar no entorno, na cidade, no estado, ela vai reverberar na produção cênica e no mercado de artes cênicas. O festival não é uma invasão de todos esses territórios, mas uma intersecção, um diálogo com todos esses agentes do campo da arte, com todos esses atores. O campo diplomático no festival é muito grande. Você vai falar com o poder público, com

a iniciativa privada, com os espectadores, com a cultura, com a acessibilidade, com o trânsito.

MR:
Você acha que esse é o papel de um coordenador ou de um curador?

AV:
Eu acho que esse é um papel de diálogo entre coordenação e curadoria. Talvez eu esteja falando muito do meu lugar. Se eu tivesse um coordenador que trabalhasse comigo, seria ótimo. Eu acho que tem a ver com essa não estruturação desse corpo de gestão. Seria maravilhoso ter um núcleo de pessoas que trabalhassem junto ao curador, que recebessem para desenvolver esses trabalhos a curto, médio e longo prazo. Dentro do atual sistema de cultura no país, é complicado se estruturar dentro da lei. Determinadas estruturações não são permitidas através das leis de incentivo fiscal. Então, o único modo é fazendo uma manobra.

MR:
Em que sentido?

AV:
Se eu preciso de uma reserva financeira para poder desenvolver o meu trabalho durante sete meses no qual eu não vou estar executando o festival, preciso criar uma rubrica, dizer que paguei por um serviço, quando na verdade eu não paguei. Então o sistema te induz a esse ato ilícito, sendo que essa é uma necessidade objetiva, é um problema concreto que deveria ser enfrentado, e não maquiado. Os festivais ainda não consolidaram uma forma de captação de recursos. E negar isso, não falar sobre isso, só nos distancia de uma solução para o problema.

MR:

E o quanto essa estrutura acaba interferindo no modelo artístico dos festivais?

AV:

Falando do meu lugar, do Festival de Teatro de Rua de Porto Alegre, eu sinto uma necessidade de fomentar a produção para que ela se renove, problematize o contexto em que vivemos hoje no país e dialogue com ele. Mas, como não tenho dinheiro, não consigo realizar. Tenho a percepção de que esse fomento impactaria no tipo de produção que é feita no Brasil, que poderia ajudar a fazer essa produção circular internacionalmente. Então, com essas limitações, eu não consigo expandir, me desafiar ou me permitir o erro.

MR:

Dentro das atuais condições, como é possível pensar a curadoria?

AV:

Eu vou convidar um conjunto de espetáculos que eu gostaria que viessem para o festival, por diversos motivos, e há ainda um conjunto de espetáculos que se inscrevem para esse festival, ou seja, uma demanda externa. É como se tudo isso estivesse dentro de uma caixinha de areia e você precisasse mexer nessa areia para encontrar determinadas peças que possibilitam que algo seja composto. Isso é parte da curadoria. Só essa ação já me tira da programação comum, de espetáculos desconexos, que não tem nada a ver um com o outro.

Agora, o caso do Festival Internacional de Teatro de Rua, que é realizado por uma produção privada, é diferente de um festival público realizado por secretarias, por exemplo. Os festivais públicos possuem um certo elemento de hipocrisia que não foi enfrentado ainda – como ele é público, supostamente todo mundo tem que acessar, então foram criadas as inscrições, para dizer que ele é público e democrático. Entretanto, conforme for a composição de pessoas que analisarão aquelas inscrições, já se sabe quem será selecionado e quem não será selecionado. Esse é um ponto crítico, que ocorre em todo o país e que deveria ser resolvido no Brasil. Às vezes tem um aspecto de fachada nessas instituições ligadas aos festivais vinculados ao serviço público. A existência de uma curadoria vai ter um papel determinante na discussão e no questionamento sobre formato e modelo de festivais públicos.

MR:
Então o que você está dizendo é que você não parte de um conceito, mas encontra esse conceito ao longo do processo de seleção de espetáculos para o festival?

AV:
O conceito vai se amalgamando, digamos assim. Às vezes, com a intencionalidade de um conceito, às vezes, com uma interrogação que ficou de uma edição anterior. Eu vejo a curadoria como composição ou elaboração artística. São elementos que estão em transição o tempo todo. São móveis, não são estáticos. Posso, em determinado momento, fazer uma opção muito clara e fechada, também é possível. Mas, para isso, é necessário ter uma fartura de elementos. E, às vezes, essa fartura não existe porque você, como sujeito que executa um festival e que pode, através dele, potencializar essa produção, não consegue fomentá-la.

MR:
Também há o fator da posição do curador dentro do festival. Você é coordenador e curador do festival, por exemplo. Como isso acaba refletindo na curadoria, de maneira geral?

AV:

De alguma forma, eu acho que tanto o coordenador como o curador transitam por tudo, porque são pessoas do teatro. Eu acho que ajudaria muito a separação dessas funções, de fato, mas elas estão sempre dialogando entre si, não são separadas por inteiro. Se não tiver o trânsito, a interação, não vai funcionar. Mas isso só é possível, pensando no festival que eu faço, se eu conseguir estruturar isso ao longo do tempo em relação ao aspecto financeiro, físico, formativo e de instrução. É necessário, por exemplo, que um coordenador geral tenha habilidade para conversar com o artista e com o empresário. Só aí você tem duas linhas diferentes de interesse. E isso requer instrumentalização, isso não é casualidade. Uma pedrinha no cantinho da sala pode ser importante para o artista, e isso num momento de caos, que está caindo um patrocínio, pode ser uma besteira para um coordenador. Então ele tem que ter muita destreza para conseguir diferenciar essas duas coisas.

MR:

E o curador também, porque ele também vai estar tensionado.

AV:

Eu acho que a programação é a base de tudo. Mas uma curadoria desassociada de uma realidade estrutural e financeira vai brigar no segundo mês, vai dizer "eu queria A, B e C, mas a nossa condição só permite A". Então, às vezes é um papo de esquizofrênico. Não adianta eu trazer um curador, por exemplo, para um festival de teatro de rua sem dar limites para ele, limites de uma realidade que vai se construindo a cada dia. Não é uma realidade previsível, não é uma realidade que três meses antes do festival você consiga dizer "é isso".

MR:
Que função tem um festival em uma cidade como Porto Alegre?

AV:
As salas de teatro em Porto Alegre, hoje, estão decadentes e não têm equipamento. Os festivais podem, em teoria, equipar essas salas utilizando a legislação a seu favor. Essa é uma reflexão necessária. Eu compreendo isso como sendo uma função também da curadoria, não uma curadoria apenas luxuosa pensada exclusivamente do ponto de vista da programação, mas pensada do ponto de vista da intencionalidade crítica, da função de um festival dentro de uma cidade. Isso vale tanto para festivais públicos como para os privados, mas fundamentalmente para aqueles festivais que são ditos públicos, mas têm uma linha de contorno privada e que poderiam ter uma estruturação do ponto de vista de políticas públicas mais efetiva. Como eu dizia, hoje você tem uma lei Rouanet que permite que você compre equipamentos, se você comprovar que é mais barato comprar do que alugar, e depois você pode doar esse equipamento. Então isso pode ser assumido pelo festival. Assim se daria a estruturação do setor, o teatro seria equipado, e essas salas, depois do festival, seriam utilizadas o ano todo.

MR:
Então o que você está dizendo é que também é função do festival fazer políticas públicas?

AV:
Também. Os festivais hoje, no Brasil, já executam fortemente as políticas públicas e são, às vezes, referência, para o município e o estado, de modelos de como executá-las. O poder de capilaridade que um festival tem é imenso. Um estudo recente da Rede dos

Festivais de Teatro do Brasil do ano de 2016 mostra que em 18 festivais circulam R$ 35 milhões, mais de 65 países estão envolvidos, 6.800 empregos diretos e 18 mil empregos indiretos são criados, só que tudo isso está desarticulado, não está estruturado.

MR:
E é possível ter uma curadoria autoral tendo em vista toda essa estrutura e complexidade que é um festival?

AV:
Apesar desses limites todos que eu falei, eu acho que a curadoria impõe a autoria, já que você tem que tomar as decisões. Eu tenho uma intencionalidade de que algumas produções internacionais participem do festival. A minha intencionalidade está ligada à exposição desse objeto estético e pretende que esse objeto estético possa ser uma referência de ponto de vista, para levar aquilo que é produzido aqui a uma outra percepção. Então eu sou autor desse pensamento e dessa ação. E dentro de todas as variáveis envolvidas na realização do festival, eu não necessariamente preciso abandonar isso. E o que eu falei a respeito dos espaços do equipamento, se eu acredito nisso, eu sou autor desse posicionamento. Se eu penso no Festival de Rua em um eixo de formação, de reflexão, de ações especiais com a rodada de negócios, de espetáculos, eu sou o autor dessa composição. Então, se eu me posiciono assim, eu acho que tem uma autoria, não é uma casualidade. Eu relaciono o autor com autoridade, de quem está apostando numa ideia.

MR:
Hoje temos um panorama de muitos festivais que são iniciativas próprias, inclusive como o Festival de Teatro de Rua. Como evitar que esse festival se torne personalista?

AV:

Tendo uma postura republicana e indo além de um gosto próprio, compondo o festival também com escutas. Talvez um festival personalista seja um festival de verdades cristalizadas. Quando você enxerga a linguagem artística do festival, mesmo ele sendo composto por vários espetáculos, ele é então um festival autoral. Se você diz personalista do ponto de vista do aspecto ruim do personalismo, daquela coisa da vaidade identificada com uma única pessoa, do ponto de vista de festivais públicos ligados ao município e ao estado, isso é até crime dentro da legislação pública. A pessoa estaria fazendo uma autopromoção de si e isso é uma irregularidade, mas acontece. O Festival d'Avignon, de Jean Vilar,[2] por exemplo – dá para dizer que ele é personalista? Não sei. Eu acho que ele tem um elemento muito mais de autoria. Agora, talvez, relativizando, seja impossível desassociar o autor do seu personagem, mas é possível ser uma autoridade e ter um espírito republicano. Se eu faço, por exemplo, uma rodada de negócios para a qual eu chamo as pessoas do meio cênico para participar, essa é uma atitude republicana, se eu chamo só os meus amigos, torna-se uma atitude personalista.

MR:

Você acha que uma das formas de não ser personalista é fazer uma curadoria mais compartilhada?

AV:

Ela é sempre compartilhada. E como é que isso se dá: primeiro com muitas conversas, com pessoas em quem eu confio do

---

[2] Jean Vilar (1912-1971) foi ator e diretor francês. Ele criou, em 1947, o Festival de Avignon.

ponto de vista da notoriedade do seu trabalho, da compreensão que tem da produção de teatro no Brasil e fora do Brasil. Então, às vezes, em conversa com essas pessoas, só na escuta, eu vou compondo. Outras vezes, faço isso chamando explicitamente as pessoas, ou às vezes silenciosamente. Eu escuto muito: tanto o público como o próprio artista.

LUCIANO ALABARSE

Luciano Alabarse é diretor de teatro. Nasceu em 1953, em Porto Alegre (RS), onde vive até hoje. Atuou como coordenador geral e curador do Porto Alegre Em Cena – Festival Internacional de Artes Cênicas[1] por 19 edições. Desde 2017, é o Secretário Municipal de Cultura de Porto Alegre.

Esta entrevista foi realizada em junho de 2014.

MICHELE ROLIM:
Quando o Porto Alegre Em Cena, foi criado, em 1994, você estava à frente da Coordenação de Artes Cênicas da Secretaria Municipal de Cultura (CAC/SMC) da Prefeitura de Porto Alegre. Foi o primeiro coordenador geral do Em Cena.

---

[1] O Porto Alegre Em Cena surgiu em 1994 e, desde então, é realizado pela Prefeitura Municipal de Porto Alegre. O festival ganhou notoriedade por atrair espetáculos internacionais dos maiores mestres do teatro e da dança contemporâneos.

LUCIANO ALABARSE:

Sou uma testemunha privilegiada do bastidor da criação do Em Cena porque era Coordenador de Artes Cênicas da Prefeitura e fui nomeado pelo prefeito, na época, Tarso Genro[2] (PT), como coordenador geral do festival. O festival, desde o começo, se alicerçou em algumas premissas. Queríamos dialogar com o teatro do Mercosul e, desde o primeiro ano, convivemos com o teatro argentino. Claro que começamos de maneira bem singela e ainda tateando. E em duas décadas do Em Cena, qual foi nossa conclusão? Que festival é tarefa de um ano inteiro. O bom festival é um cartão-postal de sua cidade. Porto Alegre não é uma cidade que prime pela beleza natural, como o Rio de Janeiro, mas prima por eventos culturais muito impactantes. O Ministério do Turismo afirmou que o Em Cena era um dos vinte eventos que mais potencializava o turismo na cidade. Muita gente me diz que deixa para vir para Porto Alegre em setembro nem que seja para acompanhar um pedaço do festival.

MR:
Na ficha técnica do Em Cena, você não assina como curador, somente como coordenador geral. Por quê?

LA:
Por muitos anos eu defini sozinho a programação do festival. De alguma forma, eu sou o curador do festival e, em última instância, tudo passa por mim. Se houver alguma peça que alguém da equipe queira e eu não, essa peça certamente não será

---

[2] Tarso Genro nasceu em São Borja (RS), em 1947. É político, filiado ao Partido dos Trabalhadores (PT). Foi duas vezes prefeito de Porto Alegre e uma vez governador do Rio Grande do Sul. Também atuou como Ministro da Educação, das Relações Institucionais e da Justiça durante o governo de Luiz Inácio Lula da Silva (2003-2011).

escolhida. Sempre achei que a coordenação geral envolve tudo, inclusive a curadoria.

MR:
Como você escolhe os espetáculos?

LA:
Há várias maneiras. Uma delas é a curadoria por convite: eu tenho muitos amigos que me dão muitas sugestões. Outra forma é a inscrição: recebemos de 300 a 500 inscrições por ano. O primeiro critério é estar ligado em tudo o que está acontecendo no mundo. Então, procura-se filtrar o que é importante e bom para Porto Alegre conhecer. Às vezes o que é bom é uma encenação polêmica, em outras, é conhecer o trabalho de um diretor que nunca veio. Às vezes, é receber uma grande atriz ou ator. Enfim, não gosto dessa ideia de uma curadoria conceitual: "vou trabalhar um teatro pós-moderno"...

MR:
Alguns festivais apostam em eixos temáticos.

LA:
Exato. Mas sou bem como Millôr Fernandes,[3] que teve uma coluna por muitos anos na revista *Veja* e assinava "Millôr, enfim um escritor sem estilo." "Luciano, enfim, um curador sem estilo." O que eu quero dizer com isso? Que eu não gosto de um só teatro, acho isso uma prisão. Eu gosto dos teatros. Sou capaz de admirar um teatrão muito bem feito, ou uma peça experimental; o que me atrai é um trabalho que prenda a atenção.

---
[3] Millôr Fernandes nasceu no Rio de Janeiro em 1923 e morreu em 2012. Foi desenhista e escritor.

Não sei o que a Michele pensa, não sei o que ninguém mais pensa, sei o que eu penso e o que eu gosto e procuro tirar os outros por mim. Então a minha curadoria mostra um consumidor ávido, um consumidor que não se contenta com um só tipo de teatro, um consumidor que não tem preconceito contra nada, seja comédia, tragédia, drama, teatro de mágica...

MR:
Das 21 edições do Em Cena, você esteve à frente de 18. De que forma isso influenciou o festival?

LA:
O Brasil parece sempre gostar de modismos. Então, em algum momento, os festivais de teatro eram a grande moda no país. Era maravilhoso. Agora, vinte anos depois, muitos poucos continuam com a potência, talvez porque a permanente renovação de direção e/ou de curadoria não permite que se firme uma cara, uma identidade significativa ao evento. Não é o caso do Em Cena. Sou muito identificado com o festival, e o festival é muito identificado comigo e com a equipe. O Jean Vilar ficou mais de vinte anos à frente do maior festival do mundo, o Festival d'Avignon, na França. O que vemos no Brasil são poucos eventos verdadeiramente sólidos e consistentes e com uma identidade.

O que eu quero enfatizar é que se eu variar muito a equipe, não existirá amadurecimento. O processo de produção de uma logística que, às vezes, envolve dois anos de negociação com grupos internacionais pede continuidade. O Brasil é muito frágil institucionalmente e há pessoas que acham que você está privilegiando algumas pessoas. Se eu tivesse que trocar a minha equipe, teria de permanentemente estar ensinando pessoas a fazerem o festival.

MR:
O Em Cena repete a escalação de alguns diretores. Bob Wilson, por exemplo.

LA:
Verdade. Mas veja que houve uma época em que só líamos Bob Wilson. Agora assistimos a Bob Wilson. A primeira vez que o Peter Brook veio ao Brasil foi só aqui em Porto Alegre. Não vou punir um grande diretor porque veio a Porto Alegre, não existe essa coisa de "veio uma vez, não vem nunca mais". Mas também acho que temos muitos diretores no país, e temos a preocupação de não repetir sempre os mesmos. Mas se um nome tiver um trabalho relevante, não me importa se veio uma ou vinte vezes: tem que vir porque tem um espetáculo que merece vir e o público merece assistir. Ou até para multiplicar a importância do seu trabalho, o que acho que é um dos papéis do festival; ou seja, tornar conhecido e fazer a grande mídia conhecer grupos e artistas emergentes. O teatro argentino é hoje um exemplo: todos os seus espetáculos que hoje circulam nos teatros do mundo começaram sua trajetória internacional por Porto Alegre. Norma Aleandro,[4] a maior atriz argentina, nunca tinha vindo se apresentar como atriz no Brasil. Veio duas vezes ao Em Cena. Às vezes eu acho difícil a impresa do Rio e de São Paulo reconhecerem esse tipo de coisa: não acontece lá, não acontece. E aconteceu!

MR:
Mas há setores da classe artística de Porto Alegre que reclamam da presença constante de artistas como Adriana Calcanhotto.[5]

---
[4] Norma Aleandro nasceu na Argentina em 1936, é atriz, roteirista e diretora de teatro e cinema. Foi protagonista de *La Historia Oficial* (1985), vencedor do Oscar de melhor filme estrangeiro.

[5] Adriana Calcanhotto nasceu no Rio Grande do Sul, em 1965. É compositora e cantora e vive no Rio de Janeiro.

LA:

Isso é coisa de quem não acompanha a programação, porque nossa programação é sempre variada. Mas eu tenho dois talismãs. Linneu Dias[6] veio sempre ao festival, porque ele foi um artista gaúcho extraordinário. Depois que ele morreu, meu talismã virou a Adriana Calcanhotto, que é uma artista gaúcha hoje internacional. Ela reserva agenda para vir ao Em Cena. E é raro quando Adriana é a única atração musical. Agora, não vou deixar de trazer o Bob Wilson porque ele já veio, ou a Adriana, que é o meu talismã. Enquanto eu estiver aqui, e ela quiser vir, virá sempre. E o público me agradece.

MR:

Como o orçamento interfere nas ambições artísticas do Festival?

LA:

O orçamento é aristotélico: tem começo, meio e fim, ou seja, acaba. Eu não consigo trazer tudo o que eu gostaria de trazer. Além disso, há uma retração de patrocinadores aos festivais que não é exclusiva do Em Cena. Outros grandes festivais brasileiros estão debaixo de mau tempo. Eu não tenho dinheiro para sempre fazer o que eu quero fazer e trazer. Sempre termino fazendo escolhas e tentando privilegiar essas escolhas. Quando trago a Mnouchkine[7] não posso trazer o Bob Wilson. São realidades.

---

[6] Linneu Dias nasceu no Rio Grande do Sul, em 1928, e morreu no Rio de Janeiro, em 2002. Foi ator e construíu sua carreira no teatro, na televisão e no cinema.

[7] Ariane Mnouchkine nasceu na França, em 1939. Fundou o coletivo teatral Théâtre du Soleil.

MR:
É indispensável que cada edição do festival ofereça um grande nome de referência internacional?

LA:
Isso consolida o evento junto ao público e ao patrocinador. Sempre penso: "Que grande atração internacional a gente pode trazer esse ano?"

MR:
É uma preocupação do Porto Alegre Em Cena atualizar todas essas referências de diretores do século XX?

LA:
Nekrošius,[8] um dos maiores diretores contemporâneos, nunca foi a nenhuma outra cidade do Brasil. Os paulistas ficam loucos quando eu digo que ele esteve no Em Cena por quatro vezes e nunca foi a São Paulo. Esse é um dos papéis principais de um festival, e acontece especificamente no caso do Em Cena: tornar o público da cidade mais cosmopolita, fazer com que a classe teatral tenha acesso a ele. Uma coisa é ler sobre teatro, e a outra é assistir teatro. E eu acho que essa geração, que já viu Pina Bausch,[9] Bob Wilson, Nekrošius, Castellucci,[10] Peter Brook, é muito diferente da minha. Foi isso que garantiu a relevância do

---

[8] Eimuntas Nekrošius é um diretor lituano, nascido em 1952. É um dos principais representantes da escola russa de direção teatral, que se desenvolveu ao longo do século XX.

[9] Pina Bausch nasceu em 1940, na Alemanha, e faleceu em 2009. Foi coreógrafa, bailarina, pedagoga de dança e diretora da Tanztheater Wuppertal Pina Bausch, localizada em Wuppertal, Alemanha.

[10] Romeo Castellucci nasceu na Itália, em 1960. É diretor teatral e fundador da companhia Sòcietas Raffaello Sanzio.

Em Cena nesses 21 anos, e não uma programação acanhada ou medíocre. Foi uma programação provocante.

MR:
Há uma cota fixa de espetáculos do Mercosul?

LA:
Não. No ano passado, por exemplo, nada me chamou muito a atenção, então vieram dois do Mercosul. Mas, em outros anos, vieram nove. Esse ano vem oito, sete argentinos e um uruguaio.

MR:
Você citou o Festival d'Avignon, e eu lembrei que eles têm a preocupação de produzir espetáculos que estreiem no festival. Você acha que esse é um dos papéis de um festival? Coproduzir ou até mesmo assegurar a circulação de um espetáculo?

LA:
Isso é muito comum nos festivais europeus, mas é uma realidade econômica muito diferente. Eu não quero essa responsabilidade. Prefiro empregar toda a minha energia e todo o meu patrocínio montando a grade de programação. Mesmo quando me oferecem coproduções da Europa para estrear aqui eu penso várias vezes. Porque isso demandaria um recurso que não tenho e, como gestor, tenho que pensar como os recursos públicos serão utilizados. Do que eu preciso? Preciso que venha a Porto Alegre uma programação qualificada, que atenda ao público, que renda noticiário e que me dê respaldo junto à prefeitura para continuar o trabalho. Não é uma coprodução que me garantirá isso tudo. Se eu tiver dinheiro sobrando, certamente tentarei essa alternativa. Mas não é o caso ainda.

MR:
Muitos festivais apostam em rodadas de negócios, ou seja, trazem curadores para acompanhar o festival e entrar em contato com os grupos locais. O que você pensa disso?

LA:
Não sou contra absolutamente nada. Vou nessas feiras de negócios, mas eu particularmente nunca vi uma feira de negócios realmente impactante que eu não pudesse fazer estando sentado nessa mesa aqui. Claro, acho que o teatro gaúcho precisa se mostrar ao mundo. Nesse sentido, trazer curadores de festivais, jornalistas e estrelas de outas cidades não seria um negócio simplesmente mercantil. A parceria do Em Cena com o festival Janeiro de Grandes Espetáculos – Festival Internacional de Artes Cênicas de Pernambuco,[11] de Recife, tem rendido bons frutos. Há quatro ou cinco anos que conseguimos levar espetáculos gaúchos para Recife e trazer espetáculos pernambucanos para cá, estabelecendo diálogo entre os festivais. Isso me interessa mais: espetáculos já prontos tendo sua circulação facilitada e garantida. Assinamos para essa edição um convênio com a Argentina: traremos sete espetáculos portenhos bancados por eles e levamos o grupo gaúcho Oi Nóis Aqui Traveiz[12] para Argentina. Isso é um negócio? Não deixa de ser. Mas eu prefiro chamar de intercâmbio, em que é o mérito artístico que prevalece, independentemente de se eu quero vender ou não uma peça.

---

[11] O Janeiro de Grandes Espetáculos nasceu em 1994, com a intenção de movimentar culturalmente a cidade de Pernambuco com espetáculos locais. No decorrer de sua trajetória, foi aumentando sua programação, tornando-se internacional.

[12] Ói Nóis Aqui Traveiz é um grupo teatral criado no Rio Grande do Sul, em 1978, que prioriza a pesquisa teatral. Ele surge a partir da percepção de uma desconexão do teatro com o momento político. A partir disso, experimenta novas linguagens e cria uma estética própria, firmando-se como um marco na cena gaúcha.

MR:

Você tem a preocupação de garantir uma dinâmica à grade do Em Cena? Como, por exemplo, alternando espetáculos de impacto com outros intimistas?

LA:

Na verdade, sempre busco que tenhamos estreias diárias. É obrigação nossa garantir que a imprensa alimente o público com notícias e dê civilidade ao festival. A elaboração da grade é uma das coisas mais relevantes do festival. Buscamos sempre um equilíbrio de ideias com as atrações que chamam a atenção do público. Se eu puser seis estreias num dia, não vou dar chance do público de conferir todas elas. Isso era uma queixa quando tínhamos 70 espetáculos na grade. Para evitar críticas e frustação do público, distribuímos as atrações e aumentamos o número de sessões. Nem toda pessoa pode parar a sua vida para reservar todas as noites ao longo de três semanas para o teatro. Então é importante essa alternância de atrações relevantes.

MR:

Gostaria que você comentasses sobre os "pontos de encontro", que já são marca de vários festivais no país.

LA:

Todos os festivais que conheço têm pontos de encontro. Então, algum sentido nisso deve haver, que é: fazer com que os artistas de fora conheçam os artistas locais e que o público possa encontrar os artistas. Temos a sorte de contar com a Casa de Teatro, um local em si destinado a isso. Eu gosto que os artistas de fora conheçam Porto Alegre durante três, quatro dias, vivam a cidade, ruas e saiam bem impressionados daqui. E o ponto de encontro serve para isso. Já vivenciamos vários pontos de encontro do Em Cena. O importante é que quem quer se divertir, quer conhecer gente, quer conversar sobre teatro e, no fim da noite, dar uma relaxada, tenha esse lugar já previamente indicado, sabendo que ali haverá gente do festival. Já tivemos como ponto de encontro uma tenda ao ar livre, ao lado do Centro Municipal de Cultura. Mas eu não gosto da ideia do ponto de encontro que tem shows. Acho uma falta de respeito às pessoas estarem conversando enquanto um artista se apresenta. Gosto do ponto de encontro para a conversa informal, o encontro mesmo. Cada festival tem o seu modelo, e não tem um único jeito.

LUIZ BERTIPAGLIA

Luiz Bertipaglia é jornalista, ator, diretor e produtor. Nasceu em 1967, em Karolé (PR). Vive em Londrina (PR). Foi curador da Mostra Internacional de Teatro do Centro Cultural Banco do Brasil (CCBB) – Brasília, Rio de Janeiro e São Paulo[1] entre 2004 e 2010. Desde 2003, é diretor e um dos curadores do Festival Internacional de Londrina (FILO).[2]

Esta entrevista foi realizada em agosto de 2014.

---

[1] A Mostra Internacional de Teatro (MIT) ocorre nos Centros Culturais Banco do Brasil. O evento é realizado em parceria com o Festival Internacional de Teatro de Londrina (FILO).

[2] O Festival Internacional de Teatro de Londrina (FILO) foi concebido em 1968, em Londrina, pelo jornalista Délio César e estudantes da Universidade Estadual de Londrina. Por mais de trinta anos, foi comandado por Nitis Jacon. Começou a ser chamado oficialmente de Festival Internacional de Londrina em 1991. O FILO é uma realização da Associação dos Amigos da Educação e Cultura Norte do Paraná e da Universidade Estadual de Londrina.

MICHELE ROLIM:
O que é ser curador para você?

LUIZ BERTIPAGLIA:
Curadoria é uma coisa complicada de você definir. É lógico que, quando você tem um evento como o Festival Internacional de Londrina (FILO), para fazer a curadoria, a coisa não é tão complicada porque nós recebemos uma média de quinhentas propostas de trabalho para inserir na programação do festival. É lógico que muita coisa você já vai eliminando e outras você de fato considera. O festival tem uma diretriz e isso não é de hoje, não fui eu que imprimi, que são os critérios para chegar à programação final. Eu posso estar passando em São Paulo, vejo uma coisa interessante e penso em colocar isso no festival; ou, o contrário, apesar de ser muito interessante não serve para o FILO.

MR:
Quais seriam esses critérios?

LB:
O critério de qualquer curador é a qualidade artística, depois, é lógico que nós temos critérios técnicos que temos que observar bastante e atentamente porque temos limitações. Os nossos espaços não são somente teatros. Então, nós temos que convidar espetáculos que se adaptem aos nossos barracões e salas. O próprio Teatro Marista não é um teatro, é um auditório que utilizamos. É lógico que tem espetáculos que eu gostaria de trazer como uma Pina Baush, mas tem que ter teatro para trazer esse tipo de espetáculo. O custo também acaba balizando a nossa ação de curadoria, porque nós temos um orçamento que é muito menor que orçamentos de grandes festivais. Então, temos que escolher espetáculos para os espaços que nós temos, que cabem

no nosso orçamento e que caibam dentro da expectativa do nosso público. O trabalho da curadoria não é feito para mim ou para as pessoas que fazem parte do meu círculo de convivência. Acho que quando você começa na curadoria você tem que pensar muito mais no seu público, naquilo que você vai propor para ele, e nós temos um público que é formado há mais de quatro décadas pelo festival, então, nós temos um parâmetro de qualidade que é bastante alto. E é aí que reside o fundamental da curadoria: você saber dialogar com o público que vai ver o resultado final do trabalho.

MR:
E como criar tensões na programação dentro dessas possibilidades?

LB:
Já houve um ano, por exemplo, em que trouxemos o mesmo texto montado por duas companhias. Outra maneira é mostrar para o público que de uma ideia você pode fazer coisas muito diferentes, usando a mesma linguagem. A proposta é fazer com que as pessoas assistam aos espetáculos e reflitam. E é isso o que queremos mostrar, essa diversidade.

MR:
Como o FILO se relaciona com a cidade?

LB:
Todos os anos, o FILO tem uma proposta de diálogo com a cidade. Nós fazemos questão de levar espetáculos para todas as regiões da cidade. Se você for analisar toda a programação, você vai ver que quase 30% dela está nas ruas e nas praças, isso promove um diálogo com a cidade. Durante o ano todo, não acontece muita coisa, até pela carência de espaços, então, grandes

produções não vêm para Londrina. A produção local, hoje, está bem menor do que já foi há duas décadas. As pessoas da cidade não têm muitas oportunidades de assistir a espetáculos durante o resto do ano, então, elas esperam muito a chegada do FILO. O festival tem 46 anos em uma cidade que tem oitenta anos.

MR:
O quanto o ponto de encontro Cabaré do FILO foi essencial nessa relação com a cidade?

LB:
Quando o Cabaré acontece, ele promove essa integração, porque muita gente não vai ao teatro mas gosta de música, então consegue aproveitar uma grande parte do festival. Muita gente acha que é só um momento de diversão, mas é um local onde as pessoas se encontram de fato para trocar ideias. As pessoas começam a ter um espaço de convivência onde é possível fazer isso. Também é uma forma de atrair um público mais jovem. Apesar de achar que o festival na sua programação promove isso também, com os espetáculos infantis, por exemplo. Mas ainda é uma questão de formação de público.

MR:
Você é diretor do festival e compartilha a curadoria. Qual é a diferença que você vê entre o papel do diretor e do curador?

LB:
Eu, como diretor, tenho que administrar essa equipe, recursos e questões técnicas. Porque o curador pode chegar aqui e dizer que precisa trazer esse espetáculo. Eu vou analisar e ver se tem condições de trazer, ver do ponto de vista financeiro e técnico. O curador não está preocupado com essas questões; quem está

preocupado, nesse caso, é o diretor. O diretor é assim: ele vai alinhavar, dar esse tempero nas coisas para que esse resultado final aconteça. O curador chega para a equipe e diz: "Isso é legal, tem que trazer." O trabalho do diretor, nesse caso, é o de dizer: "Vamos por aqui, porque por ali não dá." É como no espetáculo, o diretor vai botar cada elemento na sua função no palco.

MR:

O FILO surge em plena ditadura militar como forma de resistência ao regime. Você acha o FILO ainda tem características de vanguarda?

LB:

Na década de 1970, havia poucos festivais. Naquele momento, o FILO não tinha essa concorrência que tem hoje. Hoje também está tudo na internet. Naquela época, a possibilidade de você ver um grande encenador era indo ao local. Então, muitas pessoas vinham de diferentes estados para ver os espetáculos que aconteciam no festival. Naquela época, a informação era um pouco mais difícil, menos acessível, e as pessoas vinham enlouquecidas para ver os espetáculos. Mas é lógico que sempre temos a expectativa de não ficar repetindo a programação que acontece nos outros festivais. Sempre tentamos buscar coisas que possam trazer diferenciais.

PAULO BRAZ

Paulo Braz é ator, diretor teatral e produtor. Nasceu em 1968 em Bom Sucesso (PR). Vive em Londrina (PR). É coordenador e um dos curadores do Festival Internacional de Londrina (FILO).

Esta entrevista foi realizada em agosto de 2014.

MICHELE ROLIM:
Qual o conceito busca-se construir no festival?

PAULO BRAZ:
O conceito do FILO é a diversidade e vem da própria história que ele tem. O FILO está completando 46 anos em 2014. O festival ajudou a transformar a cidade social e politicamente. Ao longo dos anos, Londrina pôde ver nas montagens uma forma de não aceitar a censura e de fazer de recursos artísticos o seu instrumento de luta. As artes cênicas contribuíram muito

na transformação do público em relação à política. Temos o Projetos de Maio, segmento social do FILO com ações junto às comunidades. O festival tem que ser esticado para isso.

MR:
O FILO acabou fazendo muitas políticas públicas. Você acha que esse é um dos papéis do festival?

PB:
Eu acho que sim. Sabemos que as políticas públicas hoje, principalmente aquelas na área da cultura, ainda têm que sofrer um processo de transformação. Essas leis foram criadas e aperfeiçoadas exatamente pela existência desses eventos, que vinham e vêm dizendo da importância do investimento do dinheiro público na cultura. Nós temos a Lei Municipal de Incentivo à Cultura que foi resultado de todo um processo que o festival vinha discutindo já desde o final da década de 1960, que teve o debate aperfeiçoado nos anos 1980, e que se concretizou no início nos anos 1990. Foi o festival que impulsionou a criação do curso de Artes Cênicas na Universidade Estadual de Londrina, que hoje é uma referência. O festival foi capaz de ir moldando a cidade. A Nitis Jacon,[1] que foi diretora do FILO por mais de trinta anos, sempre dizia: "As pessoas falam que é preciso investir em educação, saúde e cultura, eu já acho que teria que ser ao contrário. Teríamos que investir muito em cultura, educação e depois em saúde, porque uma pessoa que se sente valorizada e tem oportunidade de educação, você pode ter certeza que ela

---
[1] Nitis Jacon nasceu em Lençóis Paulista (SP), em 1935. Na década de 1960, mudou-se para o Paraná, onde estudou Medicina e se especializou em Psiquiatria. Tornou-se uma das mais atuantes figuras do teatro paranaense. Nitis assumiu a organização do festival a partir de 1972 e seguiu nela até 2003. Atualmente, é presidente de honra do FILO.

não vai adoecer." Claro, o próprio sistema hoje trabalha com a ordem saúde, educação e cultura, só que eu acho que se você inverter, não se gastaria tanto com a área da saúde.

MR:
Quem é o público do FILO?

PB:
Cada festival tem a sua identidade. Porque aquela cidade tem uma característica e uma cultura. Então isso influencia, porque são públicos diferentes. O público do FILO hoje é composto por várias gerações, porque é um festival de 46 anos. Quando você vai nos festivais que estão começando agora, você vê que aquele público não está acostumado com o ritmo de assistir muita coisa de teatro ou, às vezes, você vai a um festival e percebe que os jovens estão apenas começando a tomar gosto de ir ao teatro. Como o FILO já temos uma tradição, sempre colocamos na programação espetáculos que causam um certo incômodo. É como uma música, quando você coloca uma canção o tempo inteiro, vai chegar um momento que cansa. Então, você cria um incômodo, e isso leva para um outro nível de pensamento. O curador de artes cênicas é a pessoa que tem essa capacidade de compreender o que é melhor para o público naquele momento. Você faz essa seleção trazendo o que há de melhor naquele momento para aquele local.

MR:
Existe uma ordem conceitual na programação dos espetáculos?

PB:
Na própria grade do festival você já tem que pensar em uma linearidade. É como você chegar num espaço vazio e falar:

"Como é que eu vou fazer a decoração dessa sala?". Aí você começa a pensar. Claro que a curadoria também tem que pensar no próprio benefício da sua equipe, que vai trabalhar no festival. Se você coloca muitos espetáculos de montagem complicada juntos, você acaba destruindo a sua equipe, porque é muito cansativo. Então, você pode intercalar com montagens mais fáceis em termos técnicos, para depois ter uma montagem pesada, assim você dá a oportunidade de sua equipe se remanejar nas várias montagens sem ficar tão cansativo. Então, isso é interessante, porque você tem que pensar na grade como uma boa opção para o público, mas também como uma facilidade de trabalho para a sua equipe. Eu comecei aqui no FILO em 1984, quando tinha 15 anos de idade e estava fazendo teatro com a Nitis. Eu estudava na universidade e passei para a produção do festival, o tempo foi passando e eu fui para a organização do festival. E hoje eu sou da equipe de curadoria do festival, então é uma coisa que foi acontecendo naturalmente. No caso da curadoria, já aconteceu alguns momentos de ficar só o Luiz Bertipaglia e eu fazendo curadoria. Claro que fazemos parte do Núcleo de Festivais Internacionais de Artes Cênicas do Brasil e temos muitas indicações. Mas, quando você está numa sala de trabalho e você tem 536 propostas para serem avaliadas, é muito importante você trabalhar com cinco ou seis pessoas. Porque ali vão surgir opiniões e você tem que respeitar. É um trabalho muito cansativo você pegar 536 propostas e ficar ali lendo, analisando, vendo aquele espetáculo, a curadoria é um trabalho cansativo e, ao mesmo tempo, um trabalho muito prazeroso, de ter a possibilidade de entrar em contato com o que está se fazendo em artes cênicas.

TANIA BRANDÃO

Tania Brandão é historiadora, crítica e professora universitária. Nasceu em 1952, no Rio de Janeiro (RJ), onde vive até hoje. De 2005 a 2015 foi uma das curadoras do Festival de Teatro de Curitiba (FTC)[2] e desde 1989 integra o corpo docente do Departamento de Teoria Teatral e, a partir de 1998, o do Programa de Pós-Graduação em Artes Cênicas da Universidade Federal do Estado do Rio de Janeiro (Unirio).

Esta entrevista foi realizada em setembro de 2015.

MICHELE ROLIM:
O que você considera ser curador em artes cênicas?

---

[2] O Festival de Teatro de Curitiba surgiu em 1992, com a intenção de ser uma vitrine do teatro brasileiro. A iniciativa foi de cinco estudantes de classe média, que tinham pelo teatro apenas admiração – Carlos Eduardo Bittencourt, Cássio Chamecki, César Heli Oliveira, Leandro Knophfolz (atual diretor geral do festival) e Victor Aronis.

TANIA BRANDÃO:

O curador é, antes de tudo, um espectador atento, um espectador curioso e cuidadoso. Ele é um espectador que se preocupa em dimensionar a trajetória de produção em determinado recorte temporal. A sua referência não é a obra-prima que foi construída em 1978. A sua referência é essa relação entre a obra e o momento em que ela é apresentada, que é imediata. Você está se defrontando com a produção, buscando sublinhar o que tem ali de denso, de inquietante, de provocador, que signifique uma boa oportunidade de interseção histórica. O festival, como é uma festa, uma celebração, e está querendo homenagear a energia teatral mais pura, livre e espontânea, precisa de estreias. E você sabe de espetáculos que vão estrear, e trabalha com projetos de montagem, de ficha técnica, e esses espetáculos podem ser espetáculos de impacto, ou não. Então, a curadoria significa um olhar de escolha, mas também um olhar de incerteza. Por isso é tão difícil você enunciar racionalmente, de forma objetiva, um conceito que possa reger a curadoria. A curadoria é mais um ato de escolha, que se dá no embate com a produção da arte, do que um pensamento claramente formulado *a priori*.

MR:

E no caso do Festival de Teatro de Curitiba? Em que as funções são mais distintas, ou seja, a curadoria não faz parte da coordenação?

TB:

Nós temos uma equipe de curadoria, mas nós temos um diretor geral, que atualmente é o Leandro Knopfholz.[3] As reuniões da cura-

---

[3] Leandro Knopfholz nasceu no Paraná, em 1973. Criou e dirigiu a primeira edição do Festival de Teatro de Curitiba, em 1992, função que exerceu até 2000. Assumiu, então, o setor de Ação Cultural da Fundação Cultural de Curitiba e, em 2006, tornou-se produtor da Cia. de Dança Deborah Colker. Em 2009, retomou a direção do FTC.

doria são sempre com a direção. Então, além de nós necessitarmos conhecer os espaços de Curitiba, nós também fazemos demandas. Nós questionamos a direção sobre a hipótese de ter um galpão, de ter um barracão, de ter um percurso de rua, várias demandas que nós fazemos às quais ele responde, dentro de várias questões administrativas. Não só questão de verba. O que é curioso é que ainda que as funções sejam especializadas, que exista uma coordenação, existe toda uma estrutura de produção e uma curadoria independente em relação às questões administrativas e de produção, tem um diálogo muito grande, tem uma proximidade muito grande.

MR:
Como acontece o processo de seleção dos trabalhos?

TB:
Primeiro, nós trabalhamos com listagens. Essas listagens são elaboradas pelos curadores a partir de trabalhos vistos, de conhecimento de projetos, de propostas, de proposições que são feitas de artistas que mandam e-mail ou telefonam, e são listas enormes que são debatidas. Uma das dificuldades de trabalhar com o teatro brasileiro é a dimensão do Brasil. E as temporadas fora dos grandes centros são muito circunstanciais, muito incidentais. Então, é preciso ter uma rede de diálogo muito grande espalhada pelo país para obter as informações. E, na necessidade de viajar, isso é conversado e se faz esse tipo de deslocamento. Não é uma coisa consolidada, termos uma verba para viajar, mas é uma coisa que pode acontecer. Existe uma preocupação em formar um panorama expressivo e significativo a respeito da situação do teatro brasileiro. Não desprezamos, por exemplo, um espetáculo comercial, essa é uma realidade que deve ser conhecida, que deve ser trabalhada. Isso é uma tomada de consciência a respeito da prática de teatro de bilheteria.

MR:

O Festival de Teatro de Curitiba foi um dos primeiros festivais a adotar a palavra "curadoria" para nomear os responsáveis pela programação artística de espetáculos, em 1994. Qual a diferença de programador e curador?

TB:

Eu acho que o programador funcionava um pouco a partir da intuição, de uma coisa pessoal totalmente circunstancial e incorpora, inclusive, o leque de relações, de pessoas, de proximidades e de afastamentos que cercavam essa pessoa, porque ele vai ao sabor das circunstâncias, com a sua carga pessoal. O curador se dá como uma intervenção, que não vai mais a reboque da corrente dos fatos, das circunstâncias, tem uma *autoralidade*.

MR:

O Festival de Teatro de Curitiba tem uma grande visibilidade, mas não se propõe a ser internacional. Você considera isso um diferencial positivo dentro do painel dos festivais do Brasil?

TB:

Nós trabalhamos, no festival, com um conceito que não é valorizado: o de olhar o teatro brasileiro. Então, é como se, de certa forma, o festival pretendesse ser uma vitrine do teatro brasileiro, dando voz e volume às discussões mais densas, mais consolidadas dentro do teatro brasileiro. Eu acho que o modelo de festival de teatro internacional é que está em crise. Porque, com as questões hoje de internet, de teatro filmado, eu posso ver a transmissão do Metropolitan pelo cinema ou internet, é maravilhosa. Eu deixo de ir, eu deixo de viajar, eu deixo de enfrentar avião e fico no cinema, ou fico em casa, vendo as grandes montagens do Metropolitan. Então, a questão de você trazer grandes espetáculos internacionais não sei até que ponto é uma necessidade. Porque você tem acesso – não só, claro, viajando, que é pra poucas pessoas, mas você tem até acesso em massa via internet. Claro que você perde a questão da presença, mas você tem um desenho da proposta. Eu não sei até que ponto se coloca a questão da necessidade de tantos festivais internacionais, mas há a necessidade de trabalhar com teatro brasileiro, acho que teria que ser oito festivais internacionais e vinte festivais de teatro brasileiro. Precisamos ver teatro brasileiro.

GUILHERME REIS

Guilherme Reis é ator, diretor teatral e gestor. Nasceu em 1954 em Goiânia (GO). Desde o início da década de 1960, vive em Brasília. É o criador do Cena Contemporânea – Festival Internacional de Teatro de Brasília[1] e realizou, de 1995 a 2013, a coordenação geral e curadoria do festival. Desde 2014, é Secretário de Cultura do Distrito Federal.

Esta entrevista foi realizada em abril de 2014.

---

[1] O Cena Contemporânea – Festival Internacional de Teatro de Brasília surge em 1995, na época com o nome de Cena Contemporânea: Mostra Internacional de Teatro e Dança, e era realizado pelo Núcleo de Arte e Cultura, criado em 1991 por Guilherme Reis, Maria Carmen de Souza e Iara Pietrocovsky. De 1997 a 2000, o festival passou não teve edições e, a partir de 2001, Guilherme Reis conseguiu retomá-lo. Somente a partir de 2003 o evento passou a acontecer anualmente.

MICHELE ROLIM:

Você foi um dos curadores do 1º Festival Latino-Americano de Arte e Cultura (Flaac),[2] em 1987. Você poderia começar falando um pouco da sua trajetória?

GUILHERME REIS:

Em Brasília, nos sentíamos isolados. Era uma cidadezinha perdida, era a capital na época da ditadura, área de segurança nacional. No Pré-Universitário, eu e uns amigos inventamos de todo sábado à tarde chamar atores para bater papo conosco. Essa preocupação eu sempre tive. Anos depois, quando o Cristovam Buarque assume a reitoria da Universidade de Brasília – e isso logo pós-ditadura –, me chamaram para trabalhar na universidade. Eu me reencontrei com a professora Laís Aderne,[3] junto com o B. de Paiva,[4] que é um cara de teatro, cearense, sempre muito ligado com o Serviço Nacional de Teatro, e nós montamos uma comissão. O Cristovam tinha uma preocupação muito grande em romper com os departamentos estanques que não conversavam e tratar de grandes temas, perpassando o conhecimento. Criamos o 1º Festival Latino-Americano de Arte e Cultura em Brasília, que foi impressionante.

Convidamos pessoas para assumirem curadorias – que naquela época não se chamava curadoria – em cada área artística (literatura, cinema, artes plásticas). Cada um de nós se dividiu

---

[2] Flaac surge em 1987 em Brasília como um dos projetos-chave voltados para a cultura da Universidade de Brasília (UnB), sob a reitoria de Cristovam Buarque. Guilherme Reis assinou a coordenação geral ao lado de Laís Aderne e B. de Paiva, e também ficou como responsável da área de Artes Cênicas.

[3] Laís Aderne nasceu em Minas Gerias em 1937 e faleceu no Rio de Janeiro em 2007. Foi pintora, gravadora, professora e curadora.

[4] B. de Paiva, oficialmente José Maria Bezerra de Paiva, nasceu em Fortaleza, no Ceará, em 1932. É ator, professor, dramaturgo e administrador cultural.

para fazer uma supervisão em cima de determinadas áreas e eu fiquei com artes cênicas. Conseguimos fazer em Brasília uma mostra importante para aquela época. Você tinha presenças muito poderosas, como o nicaraguense Ernesto Cardenal.[5] Fizemos a primeira edição em 1987, a segunda edição em 1989 e depois acabou o período do Cristovam na reitoria, e ele partiu para disputar o governo do Distrito Federal. O projeto do Festival Latino-Americano ficou adormecido – em 2011 tentou-se ressuscitá-lo dentro da universidade, fizeram uma edição pequena, mas não teve impacto. Quando saímos de lá, houve o convite para tentar salvar o Teatro Dulcina, da Fundação Brasileira de Teatro, que vinha passando por uma crise econômica. Eu assumi o teatro e criei o projeto Temporada Nacional,[6] que era um festival que acontecia o ano inteiro. Uma vez por mês, uma atração bacana ia a Brasília. O objetivo, na época, era revitalizar o espaço, mas também trazer dinheiro para pagar dívidas.

MR:
E era você quem selecionava essa programação?

GR:
Eu fazia a programação sempre com o objetivo de romper o isolamento e buscar alimentar o teatro de Brasília com informação fresca. Eu já estava com a ideia de criar o Cena Contemporânea.

---

[5] Ernesto Cardenal Martínez nasceu em Granada, Nicarágua, em 1925. É escritor, sacerdote e teólogo, é considerado um dos mais importantes poetas vivos da América Latina. É também dissidente sandinista.

[6] O projeto Temporada Nacional foi responsável por trazer artistas do quilate de Antunes Filho para séries de apresentações no Teatro Dulcina.

Em 1992, eu criei, com a Maria Carmen de Souza[7] e a Iara Pietricovsky[8] o Núcleo de Arte e Cultura, que é uma entidade sem fins lucrativos atuante até hoje em Brasília, e criei o projeto do Cena Contemporânea. Batalhei e conseguimos realizar, em 1995, a primeira edição. Em 1996, o projeto estava lindo, mas na última hora não tinha dinheiro, os patrocinadores fugiram. Acabei fazendo uma edição com quatro grupos, que eu batizei de 2º Cena Contemporânea. A crise econômica era muito séria, e em 1997 e 1998 não consegui realizar nenhuma edição, então, em 1999, fui embora do Brasil. Passei um ano entre Estados Unidos e Canadá e voltei a Brasília em 2000, quando refiz o projeto, comecei a batalhar novamente e, a partir de 2001, retomei o festival. A partir daí, não paramos mais. Durante todo esse tempo, eu me sentia como o programador e o diretor do festival.

MR:
Quando isso mudou para você e a curadoria passou a fazer parte do festival?

GR:
Quando as coisas começaram a mudar para a área da cultura no Brasil, quando as pessoas começaram a criar novos termos para velhas tarefas, então, de repente, apareceu o gestor cultural e o programador passou a ser chamado de curador. Embora eu acredite na dinâmica e nas mudanças da vida, lá no substrato da coisa, são todos a mesma função, a mesma tarefa. Até hoje tenho dificuldade de me sentir curador de alguma coisa. O curador

---

[7] Maria Carmen de Souza é cenógrafa e figurinista, formada pela Escola de Belas Artes da UFRJ.

[8] Iara Pietricovsky de Oliveira é antropóloga e atriz de teatro desde 1969.

tem alguma coisa meio de artes visuais que não bate muito com a realidade de um festival. Talvez, se um grupo de teatro me chamasse pra escolher entre todo o seu repertório, contextualizar e apresentar isso ao público, eu estivesse fazendo uma curadoria de uma companhia ou de um determinado momento, mas o festival tem uma dinâmica, no nosso caso, anual, e a construção dessa programação não passa só pelo meu desejo, pelo meu olhar estético ou critico, passa também por milhares de outros fatores para compor uma edição.

MR:
Quais seriam esses fatores?

GR:
Agendas, equilíbrio orçamentário entre o número de espetáculos, número de integrantes de grupos, carga cenográfica etc. Então, eu escolho se eu quero gastar 50% do meu dinheiro para trazer uma determinada coisa ou se com esse dinheiro eu quero dez espetáculos, ou mesmo se quero olhar para as várias regiões do país ou quero só o que é maravilhoso.

MR:
Normalmente, quando você tem que tomar essas decisões, o que você faz?

GR:
Desde o começo da minha vida no festival, a preocupação era com o desenvolvimento da produção em Brasília e com a formação de plateia. Teatro fazemos para o nosso público, depois saímos viajando. O festival tem a ver com a sua comunidade. Não adianta eu querer fazer um festival para impressionar diretores de festivais de outros lugares, eu quero dialogar com aquele público que é o meu. Então, eu tento conversar com as

pessoas e receber a demanda da classe teatral, entender o que seria bacana para aquele ano. Teve ano em que sentimos a necessidade de investir muito na dramaturgia, houve ano em que tivemos um olhar atento para os aspectos plásticos do espetáculo – mesmo que o espetáculo não fosse o melhor, ele dialogaria com uma necessidade da cidade – e também sempre fazemos atividades formativas. É por aí que eu vou caminhando.

MR:
Lembro que, na edição de 2012, o Cena girava explicitamente em torno da memória política da América Latina.

GR:
Verdade, mas na grande maioria das edições do festival, esse tipo de temática se impôs à medida em que íamos fechando coisas, descobrindo espetáculos, você via que aquela produção dialogava com aquele tema. Na hora em que a coisa vai se desenhando, eu vou dar preferência para um trabalho que dialogue com esse desenho e vou descobrindo dentro da programação discursos possíveis. Eu gosto de pensar a grade da programação como uma grande obra, um desenho: ela tem ápice, ela tem um momento de descanso, um momento de pegar fogo. Eu gosto desse desenho. Então, muitas vezes, eu procuro um determinado espetáculo para começar, outro para acabar. Essa brincadeira de dar uma dinâmica para programação, como um todo, vai desenhando, talvez, não um conceito, mas alguns conceitos que perpassam os espetáculos. Então é um trabalho de composição, mas a todo o tempo eu tenho que voltar a planilha financeira para ver se ele é possível.

MR:
Isso porque, além de curador, você também é o coordenador do Cena.

GR:

Eu acho bacana quando as pessoas falam: "Eu sou o coordenador geral do festival e nós temos um diretor artístico ou eu contrato a cada ano um curador." Não consigo pensar assim. Talvez eu adorasse ter um coordenador geral que me contratasse para fazer o que eu faço. Assim eu não perderia tanto tempo entre planilhas e coisas que me dão dor de cabeça. Mas não é a nossa realidade.

Outra coisa que impacta essas decisões é que o nosso festival é privado e feito por artistas, não temos respaldo do estado. Se errarmos nas contas e acabarmos com uma dívida, isso não vai ser pago por uma secretaria ou por uma prefeitura. Então, temos que ter um cuidado muito grande quando olhamos do ponto de vista econômico e financeiro do festival. E isso condiciona escolhas.

MR:

Mas, dentro dessa limitação, pode-se fazer escolhas, certo?

GR:

Essa é uma decisão política. Eu não quero competir na corrida dos festivais mais bacanas, modernos e de vanguarda, então buscamos espetáculos inovadores e jovens. Temos vários exemplos de grupos que foram a Brasília e depois foram descobertos. Há três ou quatro anos, trouxemos o espetáculo *Amarillo*,[9] do Teatro Línea

---

[9] *Amarillo* (2009) conta a história de um cidadão mexicano que parte para Amarillo, povoado do Texas, na fronteira com os Estados Unidos, onde jamais chega. Entre a instalação e a ação cênica, o espetáculo elabora os rastros geográficos, documentais e emocionais da migração com direção de Jorge A. Vargas e dramaturgia de Gabriel Contreras.

de Sombra,[10] um grupo do México. É um belíssimo espetáculo. Depois ele foi pro Sesc São Paulo, seguiu para alguns festivais e circulou pelo Brasil.

MR:
Existem várias programações parecidas nos festivais, porque alguns espetáculos vão percorrendo esse corredor cultural. Você acha problemático que os festivais repitam as programações?

GR:
Eu não acho problemático. São públicos diversos, um espectador médio de Brasília não fica nem sabendo o que está acontecendo em outro festival, eu não estou nessa corrida. Mas é claro que é bacana que cada festival tenha ou preserve a sua identidade, o seu jeito de olhar o teatro. Eu acho que não é bacana quando tudo fica igual, mas não são todos iguais. Numa programação de vinte espetáculos, três ou quatro espetáculos passam por todos os festivais, no caso dos espetáculos brasileiros. No caso dos espetáculos internacionais, não é bom que seja tudo igual, mas é aconselhável que, dados os custos de fazer determinados espetáculos, ele não se restrinja a uma cidade só.. Há curadores que não gostam, mas eu não tenho o menor problema com isso.

MR:
Em relação a grupos brasileiros que ganham editais de circulação, isso é aproveitado pelo festival em sua programação para diminuir os custos?

---

[10] O Teatro Línea de Sombra surge em 1993, na Cidade do México, interessado em prospectar as artes cênicas contemporâneas com a pluralidade de linguagens (videoarte, dança, música, artes plásticas, relato jornalístico etc.).

GR:

Muito pouco. Mesmo porque Brasília é uma cidade que tem Centro Cultural Banco do Brasil, Sesc, Caixa Cultural, o espaço da Funarte, que são os órgãos que viabilizam essa circulação, mas nenhum deles gosta de que o grupo que ganhou para se apresentar nesses espaços aproveite e vá participar do festival.

MR:

Que mudanças você pôde notar na cena de Brasília por influência desses 15 anos de festival?

GR:

Como Brasília tem a Faculdade de Artes Dulcina de Moraes, assim como o curso de Artes Cênicas na Universidade de Brasília de Artes Cênicas, são várias gerações que passaram pelo festival e o absorveram. O festival favoreve uma informação concentrada, um contato pessoal com os artistas. Vários grupos souberam aproveitar. Por exemplo, o festival favoreceu o encontro do Teatro do Concreto[11] com o Teatro da Vertigem. Hoje o Francis Wilker[12] está fazendo o mestrado com orientação do Antônio Araújo. Antônio Araújo e Guilherme Bonfanti[13] já foram a Brasília algumas vezes

---

[11] O Teatro do Concreto foi criado em Brasília, no ano de 2003. O grupo cênico, de caráter múltiplo, reúne membros de diversas regiões do Distrito Federal. Destacam-se, entre as principais características do trabalho, a criação por meio do processo colaborativo, a construção de dramaturgia própria e as investigações em espaços urbanos.

[12] Francis Wilker Carvalho nasceu em 1979, em Jataí (GO), e atualmente vive em Fortaleza (CE). É diretor do grupo brasiliense Teatro do Concreto e professor na Universidade Federal do Ceará. Desde 2015 trabalha no Cena Contemporânea como um dos coordenadores.

[13] Guilherme Bonfanti nasceu em Leme (SP), em 1956. Light Designer, é com Antonio Araujo um dos fundadores do Teatro da Vertigem e também coordenador e um dos fundadores do curso de Iluminação da SP Escola de Teatro.

trabalhar com o Teatro do Concreto. Então, são relações que se estabelecem. Há pessoas que conheceram um grupo espanhol e que foram passar seis meses na Espanha.

MR:
Como você escolhe os espetáculos?

GR:
Eu sou um artista também, eu tenho parceiros artísticos de muitos anos e o festival vai criando uma rede de amigos, que aconselham, mandam notícias, dão dicas, dão toques. Isso faz com que tenhamos uma informação privilegiada. Vou atrás, leio as críticas, pergunto para um, pra outro, vejo qual a trajetória desses espetáculos... Eu vou mais pelo meu feeling. Parece ousadia, pretensão, mas eu sempre brinquei assim: eu já selecionei espetáculo por uma foto, pelo olhar de um ator, assim como já deixei de selecionar um espetáculo por causa de uma foto. É o meu lado artista, de como eu vejo o teatro. Hoje, com o crescimento dos festivais, viajamos mais, assistimos presencialmente mais coisas, mas isso também me amarra no circuito, no meu caso, latino-americano, espanhol e francês. Ainda assim, quero saber o que está acontecendo na Polônia. Quero saber sobre grupos jovens poloneses, e aí começo aquela loucura de tentar ler em polonês, de pedir ajuda para traduzir artigo, para checar trajetória. Infelizmente, ou felizmente, eu não tenho a grana para dizer: este ano eu quero o Berliner Ensemble,[14] ou o Ariane Mnouchkine, ou o que quer que seja, porque o orçamento desse pessoal é o do meu festival inteiro. Então, fico procurando o

---

[14] A Berliner Ensemble é uma companhia de teatro alemã fundada pelo dramaturgo Bertolt Brecht (1898-1956) e por sua mulher, a atriz Helene Weigel (1900-1971), em janeiro de 1949, situada atualmente em Berlim no Theater am Schiffbauerdamm.

novo. E normalmente encontramos coisas lindas e maravilhosas. Tenho uma felicidade muito grande, de que o festival seja uma fonte de informação também.

MR:

Muitos festivais são confundidos com o nome de seus criadores. O Cena, de alguma forma, está muito ligado a você.

GR:

Eu acho que sim, mas depende muito da sua ação, da forma como você age na programação. Claro que o festival está identificado comigo, mas eu não sinto isso como uma coisa personalista, ou seja, sendo o meu desejo, a minha cara. Eu procuro a diversidade, eu procuro, também, o contraditório dentro do meu gosto pessoal. Também gosto de provocar, de trazer coisas que geram discussão. Vou pelo meu feeling de diretor de teatro. Eu gosto de jogar um pouco com a tradição e com a vanguarda. Gosto é dessa diversidade, e acho que isso é o que faz a cara do Festival de Brasília.

MR:

O curador sempre busca se relacionar com o espaço expositivo. No caso dos festivais, esse espaço também é a cidade. Como o festival se relaciona com a cidade?

GR:

Durante muito tempo, fizemos o festival para o pessoal de teatro. Chegou o momento em que sentimos que tinha que abarcar o público mais jovem e trazer outros públicos. E aí nasceu a história do Ponto de Encontro. Acho que o primeiro ano que fizemos isso foi 2006, e ocupamos o Cine Brasília. Durante três anos, foi dentro do cinema. Depois fomos para o centro de Brasília, ao ar livre, ao lado da rodoviária em um espaço superdemocrático. Então você vê uma mistura danada de tribos, de pessoas, classes sociais e idades, e a música cumprindo uma função fundamental. Isso ampliou o festival. Eu não posso dizer que hoje o Festival Internacional de Teatro de Brasília é o festival internacional de teatro, dança, música, discussões de ideias de Brasília. Daqui a pouco podemos chamar de Festival Internacional de Artes de Brasília. Também fazemos oficinas, seminários e investimos no encontro profissional, que chamamos de Encontros do Cena. Trata-se de um espaço de intercâmbio internacional. Este ano vamos discutir novas formas de produção. É o primeiro ano que o Cena Contemporânea investe uma parte do orçamento em coprodução.

MR:
Isso é muito comum em festivais na Europa. Por que você sentiu a necessidade de fazer uma coprodução?

GR:
Estamos fazendo uma coprodução com a Vanishing Point,[15] lá de Glasgow, com a direção de Matthew Lenton.[16] O espetáculo se chama *Tomorrow*[17] e tem a participação de um ator de Brasília,

---

[15] Vanishing Point é uma companhia escocesa fundada em Glasgow, em 1999 e dirigida por Matthew Lenton.

[16] Matthew Lenton é cofundador da Vanishing Point.

[17] *Tomorrow* (2014) é a primeira coprodução internacional do Cena Contemporânea em parceria com o Brighton Festival (Inglaterra) e o Tramway, tradicional espaço de criação artística da Escócia. O espetáculo explora a temática do envelhecer. A peça conta com elenco da Inglaterra, da Rússia, da Escócia e do Brasil, representado por William Ferreira, convidado por Lenton a participar da oficina ministrada pelo próprio Lenton na edição de 2013 do Cena Contemporânea.

que é o William Ferreira,[18] com estreia no Festival de Brighton.[19] Depois, eles fazem Londres e Brasília. Quis provocar a cidade, trazer uma informação nova para colocar o festival em um rol de instituições e festivais que vêm investindo em coprodução. Matt Linton também virá passar dois meses em Brasília trabalhando com atores da cidade. Então estabelecemos o que é o projeto do festival, que é uma construção de ponte de Brasília com o Brasil e com o mundo, de mão dupla: queremos trazer espetáculos, mas também queremos pessoas que vão conhecer a produção local, com a esperança de essa produção eventualmente poder sair. Isso vem acontecendo de forma crescente. Desde a primeira edição do festival, esse era o objetivo principal e continua sendo.

---

[18] William Ferreira é ator e diretor brasiliense.
[19] O Festival de Brighton foi fundado em 1967 na Inglaterra. É um festival anual de música, teatro, dança, circo, arte, cinema, literatura, debates e eventos ao ar livre.

FELIPE DE ASSIS

Felipe de Assis é diretor teatral e produtor. Nasceu em 1978, em Salvador (BA), onde vive até hoje. É um dos idealizadores, coordenadores gerais e curadores do Festival Internacional de Artes Cênicas da Bahia (FIAC).[1]

Esta entrevista foi realizada em março de 2016.

MICHELE ROLIM:
O conceito de curadoria em artes cênicas vem sendo muito discutido nos últimos anos. Qual é o teu entendimento sobre ele?

FELIPE DE ASSIS:
Ainda é um conceito que está sendo discutido, pelo fato de que ainda está sendo experimentado no âmbito das artes

---

[1] O FIAC nasceu em 2008, com o objetivo de colocar a Bahia no circuito das artes cênicas internacionais e nacionais e, dessa forma, promover um diálogo mais amplo acerca de criação, produção e difusão no segmento.

cênicas. Eu enxergo a curadoria como uma constelação de habilidades, vocações, interesses, que pode conjugar trabalhos e competências diversas, como crítica, construção de discurso, contextualização, mas também produção, gestão, criação e composição de eventos. Mas acho que uma coisa que define curadoria por excelência é o ato de se pensar em algo que vai reunir elementos para serem apresentados ao público sobre um conceito, um desafio, uma consulta ou uma preposição. O tipo de curadoria que eu gosto de pensar está ligada à prática artística de performalidade que contém as características: noção de presença, acontecimento, risco, estratificação de sentido, relação com tempo e espaço, processo e confusão entre realidade e ficção. Eu gosto de pensar a curadoria reagindo ou em diálogo com essas práticas artísticas. Além disso, eu acho que, por excelência, unir artista, obra, curador e público, uma forma de pensar esse lugar de exposição com esses diversos elementos, seria um lugar ideal onde todos esses agentes convergem para um encontro e podem dar as traduções sobre tudo aquilo que estão lendo, fazendo e performando. O que me interessa na curadoria é pensar sobretudo em ambientes que favoreçam esse diálogo, que eu chamo de traduções.

MR:
Como você avalia a curadoria dentro desse sistema das artes cênicas que envolve relações de poder, e qual é o papel dela?

FA:
Eu gostaria de dialogar com essas noções de poder, pensando em um poder horizontal, não hierárquico, mesmo sabendo que, na prática, a sociedade em que esses sistemas estão inseridos não permitem isso. A ideia que eu tenho de curadoria não é do curador-autor, que conhece e revela sentidos; não é aquele que

entrega um sentido a uma plateia, também não é aquele que escolhe, ao seu bel-prazer, dentro de uma prateleira de obras e produtos consumíveis pra fazer a programação, apesar sabermos que, fora do mundo ideal, você, muitas vezes, se depara e se confronta com esse tipo de prática e de procedimento. Eu busco expandir a ideia de curadoria como uma forma criativa de desafio, de não fazer e nem tentar se conformar com mais do mesmo e fazer bom uso de um mau negócio.

MR:
Você pode me dar um exemplo disso em alguma edição do FIAC Bahia?

FA:
No FIAC estamos tentando criar esse ambiente, a exemplo do ponto de encontro diurno – que a gente chama "Pátio FIAC" ou "Lounge FIAC", depende da edição. Na verdade, é o lugar de encontro entre artistas e público, que vão comer naquele ambiente, e também conversar em forma de encontro e de seminário, em pé de igualdade. Tentamos criar cada vez menos, ou eliminar mesmo, uma frontalidade ou uma hierarquia, e estamos tentando inserir essas ideias no próprio formato do trabalho.

Trazemos em pé de igualdade a informação que os artistas dão da sua obra, catálogos e o caderno de entrevistas – que surgiu justamente com a ideia de criar contexto, dar mais elementos para o público acessar aquela obra.

Existem outras ideias que temos vontade de investigar, mas que nem sempre vão acontecer na mesma edição do festival por uma questão de espaço e de limitação orçamentário, de tempo etc, e também porque todo festival é inacabado, ele não é uma obra completa e fechada.

MR:

E do que vocês partem? De inscrições ou de uma cena que está ali, pulsante, e vocês vão dar um desenho para ela?

FA:

Eu acho que acabamos conjugando desejos e interesses que temos pessoalmente e também desejos, interesses, discussões e tendências que reconhecemos na cena. Também tem as inscrições, realizamos viagens para outros festivais, sempre tentando ter essa sensibilidade. É quase uma cartografia pra perceber um pouco dessas tendências e montar a programação.

MR:

Quais são as conexões possíveis que esse público vai fazer, mesmo se não assistir a toda a programação?

FA:

Acho que seria frustrante se ficássemos imaginando roteiros possíveis. O público vai acessar o festival em diferentes momentos e lugares e em uma ordem que só em um jogo de combinações talvez fosse possível entender, mas que não serviria pra coisa alguma. Na verdade, o que é mais interessante é justamente oferecer esse tempo-espaço com alguns "disparadores", que são os espetáculos, e depois conversar e encontrar o público para falar de curadorias possíveis, ou interpretações possíveis, ou ainda associações possíveis, sem chegar, com isso, a uma razão ideal.

Se pensarmos, o mundo é aleatório. Agora, é claro que existe também um impulso de ordenar, mas me interessa falar menos dos sentidos que eu achei e muito mais estimular os sentidos que público vai achar. Tanto que este ano eliminamos as disciplinas. No catálogo, você não vai mais encontrar "teatro", "dança", "performance", "intervenção", "circo". Há o nome do espetáculo e sua sinopse, apenas.

MR:
Nas artes visuais, essa questão do catálogo é muito importante. Como você vê isso dentro do FIAC?

FA:
Não sei se teremos uma prática regular de um catálogo do festival com a mesma importância de discurso crítico que você tem em uma exposição. Por enquanto, não. Nosso texto é simples e breve, muito mais falando de algumas ideias que nos passam pela cabeça, para criar um ambiente de múltiplas traduções. Eu diria que, no catálogo, temos um espaço tímido, de expressão do que seria a voz do festival sem querer protagonizar ou sem querer chamar para si a responsabilidade de dar sentido ao festival.

MR:
No começo do festival, em 2008, vocês já faziam uso do termo curadoria na ficha técnica?

FA:
Em 2008, eu, Ricardo Libório[2] e Nehle Franke[3] assinamos tanto a coordenação geral como a curadoria. Havia um entendimento de que a coordenação geral estava ligada às funções de captação, gestão e organização prática, enquanto na curadoria existia uma tensão conceitual da elaboração. Nos interessava zelar por essa

---
[2] Ricardo Libório nasceu em 1972, na cidade de Alagoinhas (BA). É um dos idealizadores e coordenadores gerais do FIAC.

[3] Nehle Franke, alemã radicada na Bahia, é diretora de teatro. É uma das idealizadoras do FIAC e respondeu como diretora geral da Fundação Cultural do Estado da Bahia entre 2011 e 2014.

função. Então, pouco a pouco, fomos amadurecendo essas questões, até porque ninguém fez uma formação específica de curadoria. Há esse ponto de vista de que não dá para você ser gestor e não ser produtor cultural, não dá para você ser curador e não ser artista. Você acumula essa constelação de competências e exerce a curadoria articulando essas histórias. O que acaba acontecendo, e que é uma marca do nosso olhar, é que, antes de tudo, nós somos artistas. Então, parece que existe uma forma de pensar e conceber muito parecida com a nossa forma de organizar um espetáculo teatral, por exemplo. Se, no começo do festival, eu tinha uma tendência a ocupar uma posição mais tradicional de direção, hoje em dia, eu vou buscar um entendimento de colaboração muito maior que de direção. É um outro tipo de arranjo produtivo que me interessa, tanto na dimensão artística, do fazer artístico, quanto na direção curatorial.

MR:
Atualmente você e o Ricardo Libório são responsáveis pelo modelo de gestão e artístico. No que isso interfere?

FA:
Eu acho que não existem modelos puros. A cultura e o sistema em que estamos inseridos nos colocam em situações em que você pensa: não queria exercer essa autoridade, mas tenho que fazer isso agora, senão o fornecedor não vai entender. Então, eu acho que defender um processo conceitualmente puro seria falso da minha parte. Na verdade, o que temos é que negociar com os nossos desejos, com as nossas inquietações e aquilo que podemos naquele momento fazer.

MR:
Mas vocês tem uma liberdade imensa, porque são os criadores do festival e ocupam a coordenação e a curadoria.

FA:
Essa liberdade sempre está sendo negociada ou está em diálogo com outras questões. Se você vai tomar essa decisão, você vai ser cobrado do seu público, que já conhece o seu festival, que já tem expectativa. Eu diria que nunca é impune, estamos dentro de um sistema. Claro, você pode arriscar mais ou menos, pode enfatizar isso ou aquilo. Mas, ainda assim, você está conectado a várias questões e nem sempre são as mais confortáveis. Você sabe que a não escolha de um determinado trabalho pode ferir um relacionamento com uma pessoa que você considera. Também acontece de você admitir certos trabalhos que você não gosta, mas que entende como importantes, como fazendo parte do dissenso e de algo que é maior do que o gosto pessoal.

MR:
Em grande parte dos festivais, a curadoria de espetáculos locais se dá através de uma comissão à parte, isso acontece no FIAC?

FA:
Viemos pensando essas questões de curadoria e localizamos, na formulação da mostra local, uma maneira participativa de fazer essa curadoria. Começamos em 2008, muito próximos do modelo dos editais públicos, mas não nos envolvíamos enquanto curadores. Então, existia uma espécie de isenção de responsabilidade opinativa, em relação à programação. Uma comissão à parte que fez as escolhas. Repetimos isso por uns três anos, mas também não estávamos à vontade com esse tipo de modelo, porque queríamos, justamente, assumir essa responsabilidade. E aí fomos para o oposto, que foi dizer: vamos assumir a nossa responsabilidade e exercer a curadoria local, da mesma forma que fazemos a nacional e a internacional. Tentamos fazer isso e houve uma reação muito forte da classe, questionando a credibilidade, os

critérios etc, o que eu interpretei como uma vontade de participação. Então mudamos. Não saímos da responsabilidade, mas agregamos outras pessoas para compartilhar a curadoria local.

MR:
Qual é a importância do FIAC para Salvador?

FA:
Só conseguimos criar o festival por causa de uma conjuntura política que permitiu e que incentivou sua criação. O governo do PT entra, com Jacques Wagner,[4] que nomeia Márcio Meirelles[5] – um homem de teatro – para a Secretaria de Cultura do Estado. Márcio provocou essa ideia. O festival nasceu para suprir uma lacuna identificada pelo Núcleo de Festivais Internacionais de Artes Cênicas do Brasil e também para dar visibilidade a uma produção que sempre foi muito exuberante. Tínhamos a necessidade de criar um repertório cultural para a cidade e, com isso, influenciar a produção dessa cidade, além de alavancá-la economicamente. Nesses anos, viemos amadurecendo, ampliando, aprimorando, modificando, errando, ou seja, fazendo o festival. Sempre tentou-se desenvolver uma programação de qualidade e, sobretudo, oferecer aos artistas um atendimento menos fast-food, menos hotel de rede, e muito mais "pousadinha" e "comida de mãe". Então, há uma possibilidade de contato humano, que é uma coisa que nos singulariza em

---

[4] Jacques Wagner nasceu no Rio de Janeiro, em 1951. É um político filiado ao Partido dos Trabalhadores. Foi governador da Bahia de 2007 a 2014 e Ministro-chefe da Casa Civil de 2015 a 2016.

[5] Márcio Meirelles nasceu em 1954, em Salvador (BA). É diretor teatral, cenógrafo e figurinista, atua em teatro desde 1972. De 2007 a 2010 foi Secretário de Cultura do Estado da Bahia. Desde de 2011, assume a direção artística do Teatro Vila Velha, em Salvador.

relação a outros festivais, que têm mais dinheiro e um contexto geográfico que privilegia suas visibilidades.

MR:
Gostaria que você falasse sobre a sua pesquisa no mestrado, que parte da sua experiência como curador.

FA:
A minha pesquisa foi motivada por uma trajetória profissional e por algumas questões que me inquietavam. Por isso, resolvi parar e refletir sobre ela de maneira mais sistematizada e com rigor acadêmico. Fui procurar nas artes visuais, que é a linguagem em que se constituiu e evoluiu esse debate sobre curadoria, o porquê de as artes cênicas pegarem emprestado ou se apropriarem desse termo. Acabei descobrindo pontos de contato entre as linguagens, o que, para mim, acaba justificando, de alguma maneira, a migração do termo e da função de uma área para a outra. A performance seria o ponto de contato mais evidente entre essas duas linguagens. Portanto, é um lugar possível de entendimento dessa migração de funções. E aí eu vou pensar nas práticas do teatro performativo, identificar algumas tendências e algumas características. Assim, acabei me debruçando sobre as características de participação e colaboração. Essa curadoria, mediadora e colaborativa, investiria mais na participação e colaboração. A proposição acaba sendo, justamente, a de criar um ambiente em que traduções sejam possíveis e compartilhadas entre artista, obra e espectador. Então, eu trabalho mais ou menos nesse sentido: o de pensar conceitualmente a curadoria muito atrelada às suas práticas artísticas.

DANE DE JADE

Dane de Jade é atriz, pesquisadora, produtora, arte-educadora e gestora cultural. Nasceu em 1966, na cidade de Crato (CE). Foi gerente e assessora de cultura no Sesc-Ceará (1998-2012), quando fomentou a criação da Mostra Sesc Cariri de Culturas, em 1999. Criou e implantou o Festival Internacional de Máscaras do Cariri (FIMC), que teve sua primeira edição em 2016. Foi secretária de Cultura do Município do Crato de 2013 a 2016. É coordenadora da Escola Vila da Música e do Escritório Regional de Cultura Cariri/Secult Ceará.

Esta entrevista foi realizada em maio de 2017.

MICHELE ROLIM:
Em que contexto surgiu a Mostra Cariri? Foi a primeira mostra voltada para as artes cênicas a acontecer no Crato?

DANE DE JADE:

Ainda como diretora na Fundação Cultural J. de Figueiredo Filho (instituição pública de cultura localizada no município de Crato, CE), eu pensava numa proposta que abraçasse a realização de um festival no Crato, cidade em que nasci e que tem uma efervescência cultural muito contundente. Depois que ingressei no Sesc, em 1998, pude investir na concretização dessa proposta. Apresentei-a aos Departamentos Regional e Nacional e ela foi melhor estruturada por meio do projeto Desenvolvimento e Consolidação do Teatro no Cariri. Inicialmente, o principal objetivo era estimular a produção teatral na região, proporcionando o desenvolvimento dos artistas e a participação do maior número possível de grupos, espetáculos, artistas, estilos e visões distintas do fazer cênico – fossem locais, estaduais, nacionais ou internacionais. A proposta era incentivar a troca de informações, ampliar o campo de referências e contribuir para a comunhão dos que fazem artes no Ceará e no Brasil. Ampliamos as linguagens e trouxemos para a mostra ações nos diversos segmentos artísticos e culturais, literatura, música, manifestações de tradição popular, artes cênicas, cinema, artes visuais, performances e toda espécie de ação que tinha afinidade com a região do Cariri. A partir desse conceito, surgiu a Mostra Sesc Cariri de Teatro, que posteriormente passou a se chamar Mostra Sesc Cariri das Artes, numa parceria com a Secult Ceará, e hoje se chama Mostra Sesc Cariri de Culturas, abrangendo uma diversidade de linguagens e ações que se espalham por toda a região caririense. A mostra se constitui como uma ação fundamental para o Cariri, irrigando a região com o que há de mais instigante no panorama artístico nacional e, em alguns momentos, internacionais.

MR:

No Brasil, não existe nenhum festival cujo enfoque seja a máscara. Como surge a ideia de criar o Festival Internacional de Máscaras do Cariri (FIMC)?

DJ:

Em 2015 fui convidada para fazer parte da programação de um Festival de Máscaras no Canadá. A inspiração veio de imediato, pois o Festival Internacional de Máscaras de Quebec, em St-Camille, é um dos mais importantes festivais nessa modalidade, e desde então o sonho que acalentava há tempos, o de realizar um festival que pudesse trabalhar a máscara e seu campo expandido, passou a se tornar mais possível. Na medida em que retornei ao Brasil, trouxe a perspectiva concreta de realizar o primeiro festival do Cariri em parceria com o de Saint-Camille. A dimensão internacional desse projeto foi motivada também pelo fato de que assim como a máscara está presente em todo o território brasileiro, está presente em outros territórios geográficos para além do Cariri e do Brasil. Isso já apontava para a amplitude que deveria ter o festival, no sentido de promover experiências que contemplassem um profundo intercâmbio concentrado na construção e difusão da identidade brasileira, calcada na nossa memória histórica, mas buscando diálogo com outros pares de outras culturas, em um jogo de desvelamento que configura nossa humanidade através da poética da máscara nas diversas categorias e formas – rituais, festas, artes e na cultura de modo geral – com que se apresenta mundo afora. Diante da impossibilidade de trazer o mundo todo para o Cariri e de levar o Cariri para o mundo todo, buscamos fragmentos dessa diversidade criativa para compor conexões que resultassem em um encontro fértil, potente. A decisão também se fortaleceu ainda mais pelo fato de no Brasil não existir nenhum festival cujo enfoque seja a máscara.

MR:

Qual a identidade do festival? Quem assina a coordenação geral e a curadoria?

DJ:

Como idealizadora do festival, desde o principio, pensei em realizar um festival que tivesse a colaboração como princípio fundante e orientador de todas as ações, e isso foi válido para a curadoria também. Reuni várias pessoas e, na busca por que não houvesse uma verticalidade ou uma hierarquia, procuramos estabelecer um espaço coletivo permanente de comunicação entre os participantes. O objetivo era realmente efetivar uma forma de ação de criação colaborativa. Nesse sentido, o FIMC surge do intercambio de conhecimentos e afetividade, propondo uma curadoria como ato criativo em movimento, pois a cada convite aceito, um novo diálogo se estabelecia, abrindo novas possibilidades. Esse é um desafio para um gestor cultural e para um curador porque subverte a lógica da curadoria como autoria individual. Por fim, como fruto das trocas, concluímos que o norte do festival era uma proposta de aproximação de saberes e fazeres na perspectiva expandida da máscara, ou seja, trabalhar com o conceito de campo expandido da arte, o que permitiu olhar para a máscara de maneira a transbordar as fronteiras de qualquer arte específica. Assim pudemos compor uma programação envolvendo teatro, dança, artes visuais, circo, performance. Também consideramos fundamental o diálogo entre pesquisadores de diversas áreas da academia e artistas-pesquisadores em um espaço no modelo de colóquio. O resultado final é que o festival reuniu diversas ações e atividades, que vão desde o processo de formação através de residências artísticas, oficinas, colóquios e debates, até o processo de fruição, que se deu nas apresentações de espetáculos, demonstrações técnicas, feiras, exposições e música.

MR:
Como funciona o processo curatorial?

DJ:
Acredito na curadoria quando ela é do campo coletivo, quando várias opiniões estabelecem relação com os sentidos instaurando ali a catarse natural que não necessariamente afetaria somente a um olhar específico, mas vários olhares que se encantam. Por isso a curadoria pressupõe pensar e falar de arte, de produção cultural, arte e território, cultura e transformação. Não se baseia por aspectos estéticos e subjetivos, políticos ou relacionais. O trabalho do curador vai além disso, É preciso, portanto, pensar curador como alguém que está construindo um sentido de arte, estabelecendo a comunidade de sentidos do lugar. O que toca as pessoas que vão fruir a arte? O que transforma e reinaugura o olhar da audiência, da plateia etc.?

O curador tem a capacidade de articular coisas distintas. Sua atuação pressupõe diferentes desafios: como selecionar trinta peças entre quinhentas? Esse é o modelo dos editais, que funcionam através da efetivação de comissões de seleções de projetos que não pensam de forma orgânica. Quais são os critérios usados? Como se escolhe sem intuir e refletir profundamente sobre o que está se escolhendo? Essas são algumas das muitas perguntas que precisam adentrar ao processo curatorial.

Para isso, é preciso ter foco e dedicação, mas, sobretudo, responsabilidade e comprometimento. O curador não pode ser arbitrário nem superficial, vendo projetos de véspera ou mesmo escolhendo porque tem nomes conhecidos.

É preciso provocar experiências transformadoras no encontro com a arte. Precisa-se de curadores que não sejam meros operadores do sistema, mas que pensem na mudança, na transformação humana, que articulem utopias, que ajudem a tecer sonhos, que vejam na arte a única arma para vencer a barbárie.

MR:
Você acredita que a curadoria é uma criação autoral?

DJ:
Olha, a autoria está ligada de alguma maneira com o que está presente no imaginário coletivo, de maneira que estamos conectados de forma a estabelecer redes que provocam o estado de conectividade a um outro pensamento. A autoria estabelece lugar a partir de outros olhares. O artista não é mais esse ser brilhante que o iluminismo criou, as pessoas estão procurando um sentido de mundo, estão nas ruas, estão nas redes sociais, estão buscando, estão lutando. O curador tem que estar ligado a esses fatores, tudo está articulado com o social, as dimensões do coletivo são seu mister. O cenário que o curador habita é muito mais complexo. Escolher a peça é o que há de menor importância, mesmo sendo o cerne da questão – o que é realmente necessário é pensar nos desdobramentos, na produção de sentidos, na provocação que levará ao debate e à reflexão. Portanto, o curador não pode viver o individualismo, a alienação, ele precisa produzir em diversas pontes, em diversos níveis e dimensões, pois ele contribui para o sistema cultural. É um mediador entre o artista, a obra e o público, por isso ele tem que ser alguém antenado, articulado, com abertura para exercer a análise e a crítica de modo a compreender a obra de arte na extensão do que ela pode produzir em reflexos estéticos, éticos, artísticos, afetivos, humanos, políticos, sociais, econômicos, produtivos, colaborativos e artísticos.

O que motiva um curador? A experiência dele? O mercado? A política? A visibilidade? A vaidade? Ele define tendência. Julga o trabalho do outro. Paradoxalmente, corre-se o risco de o curador se tornar mais importante que o artista. São situações não desejáveis produzidas a partir da relação curador-mercado.

Isso é uma deformação, os costumes são descartados, os valores invertidos (curar ser mais importante que criar arte, ainda que curadoria seja um ato de colaboração criativa). Então, como tornar a curadoria participativa? Sua interlocução é ampliar a potência da obra artística para alcançar seus públicos e com eles dialogar. Portanto, o curador não cria uma autoria para algo, ele sempre está para além de um processo individual.

MR:
Um festival pode ter a sua titularidade privada ou pública. Como isso interfere na programação artística?

DJ:
A parceria entre público e privado é um encontro natural frente ao modelo de organização política e econômico-financeira vigente em nosso país. O espaço não permite me alongar, porque a pergunta requer uma reflexão cuidadosa sobre o papel do Estado como criador ou agente criador de políticas públicas para cultura, de modo que prefiro me deter nos aspectos positivos da gestão cultural baseada nessa estrutura colaborativa. No campo da gestão cultural, essa parceria vem permitindo, especialmente desde o incentivo ao mecenato com a criação da Lei Rouanet, por exemplo, ser este um caminho possível para a realização de muitos dos eventos culturais que são estruturados atualmente no Brasil. Mas, apesar de experiências exitosas que conhecemos, ainda temos que avançar muito no sentido de melhorar essa estrutura colaborativa. Considero importante ressaltar que para pensar essa relação de forma adequada, é fundamental compreender que os eventos culturais trazem impacto econômico positivo para a região onde ocorrem, influenciando outros setores da economia, como o turismo e o lazer. Tenho defendido como política pública a adoção de

projetos culturais como parte de um calendário cultural que valorize as diversidades regionais, e que contribuam com a organização dos diversos setores produtivos da cultura, com estímulo à geração de renda e de oportunidade de reflexão e acesso a novos conhecimentos. Dessa maneira, a política de eventos toma forma de ação estruturante, e não de mero divertimento sem maiores consequências. Estou saindo da gestão pública, mas por meio da colaboração de parceiros, além do diálogo com o poder público municipal, estadual e nacional, temos pretensões de que o FIMC se constitua e se consolide como um grande projeto cultural para o Cariri. Percebo um momento de elevados níveis de consciência artística, em que as pessoas estão em busca de maiores e melhores critérios para organização dos seus trabalhos, uma vontade coletiva de cada vez mais qualificar as suas ações. Entretanto, percebo também que, apesar dos esforços investidos, as dificuldades continuam limitando a expansão do setor, dificuldades que estão presentes em todo o país. Implementar políticas culturais no Brasil é sempre um desafio. Temos um histórico tímido de políticas sistematizadas e regularizadas no âmbito da cultura. Os orçamentos são restritos para dar conta de todas as demandas, o que termina por fortalecer a indústria cultural protagonizada pela grande mídia. Precisamos pensar a cultura a partir de outra lógica que não a da monetização. O retorno dos investimentos em cultura não se traduzem, nem podem se traduzir, em lucros e rendas exorbitantes. São investimentos na transformação humana, com vistas ao desenvolvimento de uma sociedade. Toda política pública deve ser estruturada a partir do seu território e da sua memória cultural. Acima de tudo, deve ser uma política cultural que pense na centralidade humana, e, nesse sentido, estabeleça uma política social que tenha abrangência e atinja toda a sociedade.

Precisamos avançar na salvaguarda do patrimônio cultural brasileiro, revigorando e fortalecendo o diálogo permanente com as nossas manifestações tradicionais. É também por meio dessas tradições, enquanto espaço aberto para a reflexão e a consciência, que a cultura pode contribuir de maneira significativa para o engrandecimento humano e para o desenvolvimento social sustentável.

KIL ABREU

Kil Abreu é jornalista e crítico. Nasceu em 1978 em Belém (PA), e vive em São Paulo (SP). Foi curador do Festival de Curitiba (2006), Festival Recife do Teatro Nacional[1] (FRTN) de 2007 a 2010, Festival Internacional de Teatro de São José do Rio Preto[2] (FIT Rio Preto) (2012) e um dos curadores do eixo Olhares Críticos da Mostra Internacional de Teatro de São Paulo (MITsp) 2017. Desde 2013 é curador de teatro do Centro Cultural São Paulo (CCSP).

Esta entrevista foi realizada em março de 2015.

---

[1] O Festival Recife do Teatro Nacional é uma realização da Prefeitura de Recife, através da Secretaria de Cultura e da Fundação de Cultura Cidade do Recife. Até 2016, realizaram 18 edições.

[2] O Festival Internacional de Teatro de São José do Rio Preto surgiu em 1969, no Estado de São Paulo, com o nome Festival Nacional Amador de São José do Rio Preto, liderado por artistas locais. Durante os anos de 1973 a 1980, foi interrompido por falta de apoio político, voltando a ser realizado em 1981. A partir do ano de 2001, o Festival Nacional Amador deu espaço ao Festival Internacional de Teatro de São José do Rio Preto. Atualmente é uma realização da Prefeitura de Rio Preto e do Sesc.

MICHELE ROLIM:
O que é curadoria nas artes cênicas para você?

KIL ABREU:
Estou próximo da concepção de Hans Ulrich Obrist.[3] Gosto de voltar à etmologia da palavra *curare* – cuidar. O curador é, entre outras coisas, um cuidador. Da casa, para os antigos; da alma, para os medievais; da arte e dos espaços – físicos ou não – que a abrigam, para os modernos. Esse cuidar, entretanto, em todos os casos, é mais que sinônimo de guardar, de manter. O curador, a não ser que seja também artista, não cria, não é função dele tomar a função do artista no sentido da invenção deste discurso singular que é o da arte. Por outro lado, também não é apenas um mantenedor de acervos ou mesmo um selecionador, um apresentador de obras. A curadoria, para mim, está em algum lugar médio entre a criação (no sentido amplo) e o seu contexto – institucional, social, público. Então, vejo o curador como um propositor, um articulador de possibilidades. Tendo conhecimento sobre um campo específico da produção artística, o curador pode promover encontros, sugerir recortes (exemplos são os festivais de teatro ou as curadorias institucionais, como a que neste momento faço no Centro Cultural São Paulo). Esse "pró-mover", esse "colocar em movimento" a partir de determinado olhar é uma atividade complexa e nunca pacífica – daí as polêmicas curatoriais recorrentes. É algo que envolve, sim, uma razoável medida de subjetividade, mas as escolhas e ações não podem reduzir-se ao juízo de gosto. Têm que procurar compensação na objetividade viva do próprio panorama artístico a ser curado. Os objetos de arte – que,

---
[3] Hans Ulrich Obrist nasceu em 1968, na Suíça. É ensaísta e curador de artes visuais, autor de diversos livros, como o *Caminhos da curadoria* (Cobogó, 2014).

lembremos, também são objetos de pensamento, de conhecimento – são o lugar de onde o curador sai e para onde ele deve voltar. Sempre.

Gosto muito de uma definição poética feita pelo historiador Luiz Antonio Simas[4] quando o convidaram para a curadoria de um evento literário. Na ocasião, ele lembra de uma figura do candomblé, o cambono, que prepara a casa, cuida do espaço onde estarão logo mais os filhos de santo e onde os médiuns, estes sim, vão receber as entidades: "O que se espera do cambono é a modéstia de reconhecer que não é dele o protagonismo. Ao mesmo tempo, é dele o orgulho sem alardes de se colocar a serviço do batuque propiciador da dança e dos rituais misteriosos de comunhão entre as mulheres e homens na gira."

MR:
Como você escolhe as peças?

KA:
Depende do contexto em que a curadoria se dá. No caso dos festivais de teatro – independentemente da dimensão – por vezes já há definido em edital a forma de seleção. Por exemplo, através de vídeos. É uma possibilidade, e cada vez mais recorrente. Mas, sem dúvida, uma curadoria terá sempre melhor qualidade quando se puder viver a experiência do espetáculo, em pessoa. Porque, além das dificuldades em termos técnicos e de linguagem que uma transposição do espetáculo em outras mídias acarreta, o teatro é uma arte fugaz, cujo efeito depende

---

[4] Luiz Antonio Simas nasceu no Rio de Janeiro, em 1967. É mestre em História Social pela Universidade Federal do Rio de Janeiro, autor de diversos livros sobre a história e os costumes do Rio de Janeiro e seus personagens. Venceu o Prêmio Jabuti de Livro de Não Ficção do Ano em 2016 ao lado de Nei Lopes, por *Dicionário da História Social do Samba* (Civilização Brasileira, 2015).

em muito da experiência presente. Por isso, gosto fundamentalmente de ver, de viajar muito, de estar nas salas de espetáculo Brasil afora.

É também bom lembrar a possibilidade de projetos curatoriais que antecedem a obra acabada. Um exemplo entre muitos: lançamos um edital de dramaturgia, para autores, no CCSP. O conceito era "dramaturgia em pequenos formatos cênicos". Nele, propusemos receber textos finalizados e "projetos dramatúrgicos", que, se selecionados, seriam desenvolvidos em sala de ensaio pelos proponentes. A ideia era selecionar os textos e percorrer toda a cadeia criativa do espetáculo até o encontro com o público: os próprios autores escolheriam a direção e, com esta, os atores e técnicos montariam a peça. Nós compramos o projeto e oferecemos o espaço para a primeira temporada. Veja que nesse caso, de um projeto curatorial específico, a "escolha" antecede a existência do espetáculo.

MR:
Dentro da arte contemporânea fica evidente que uma das características da curadoria é a de trabalhar um conceito crítico. Há essa preocupação nas curadorias teatrais?

KA:
Em geral, sim, é o esperado. Mas, veja, o curador não cria a discussão em abstrato. Porque, como eu disse, há objetos vivos dos quais ele parte e para onde retorna. Então, podemos dizer que o campo de pensamento já está dado. Às vezes, é mais evidente, às vezes, nem tanto. O que o curador faz é propor alguma mediação para sublinhar, jogar luz ou discutir aquilo que já está no panorama da arte, às vezes de maneira dispersa. É como dizer: "Olha, isso é recorrente. Então vamos olhar e discutir o que é isso." Ou, de outro modo, intuir processos artísticos em formação, como dizer

(hipótese): "Olha, nos últimos dez anos, o teatro de rua começou a fazer o trânsito entre a sala e a rua." E por aí vai. De um modo ou de outro, no meu modo de ver, o curador não "imprime" um conceito ao contexto. O contexto é que oferece os lances de pensamento ao curador, que faz a mediação necessária de acordo com a sua percepção e a partir das obras que naquela perspectiva achar mais relevantes.

MR:
Você pode exemplificar a proposta curatorial de alguma edição do Festival Recife do Teatro Nacional?

KA:
Sim. Tomo como exemplo uma edição, acho que a décima segunda, em que exploramos as relações entre o teatro e a cidade. Isso se deu por vários motivos diferentes, mas o principal deles era o fato de que a produção teatral local, ao menos a hegemônica (porque como sabemos que em Pernambuco há um teatro popular muito vigoroso), era basicamente para salas fechadas. Isso em um momento no qual a cena brasileira e mundial já experimentava há muito tempo a invasão dos sítios urbanos. Então, propus fazer uma edição que fosse aberta e que não só tematizasse as cidades (de maneira livre), como também fizesse a cidade viver efetivamente o teatro. Para que se tenha uma ideia, em 12 anos, o festival nunca havia tido uma abertura que não fosse em sala fechada. No ano em questão, em função do projeto curatorial, a abertura foi na rua, com o Grupo Galpão,[5]

---

[5] O Grupo Galpão foi criado em 1982. É uma das companhias mais importantes do cenário teatral brasileiro, cuja origem está ligada à tradição do teatro popular e de rua. Está sediado na cidade de Belo Horizonte (Minas Gerais) e é formado por Eduardo Moreira, Chico Pelúcio, Júlio Maciel, Lydia Del Picchia e Simone Ordones.

que encenou o espetáculo *Till, a saga de um herói torto*.[6] E os espetáculos selecionados estabeleceram todo tipo de relação com o tema rua. Desde trabalhos que faziam o trânsito sala-rua (por exemplo, o espetáculo *Quem não sabe mais quem é, o que é e onde está, precisa se mexer*,[7] da Cia. São Jorge de Variedades),[8] passando por espetáculos que tematizavam a cidade e sua paisagem humana (o Grupo Bagaceira de Teatro[9] foi com "Meire Love",[10] sobre meninas prostitutas da orla de Fortaleza), até montagens "ambulantes", como o *Cordel do amor sem fim*,[11] da trupe Sinhá Zózima,[12] que aconteceu dentro de um ônibus em circulação pelas ruas. Junto a isso, propus a descentralização das apresentações do festival nas tantas regiões da grande Recife (o que era uma necessidade ética e política, para que o conceito não traísse a si mesmo). E por aí vai.

---

[6] *Till, a saga de um herói torto* (2009) é uma montagem dirigida por Júlio Maciel e baseada em *Till Eulenspiegel*, de Luís Alberto de Abreu.

[7] É feito a partir dos textos *A Missão* e *Hamlet Machine* e entrevistas com Heiner Müller, além de alguns outros autores. A direção é assinada por Georgette Fadel.

[8] Projeto coletivo, criado em 1998, com integrantes da Escola de Arte Dramática (EAD) e da Escola de Comunicações e Artes da Universidade de São Paulo (ECA/USP).

[9] O Grupo Bagaceira de Teatro foi fundado em são Paulo, em 2000, e trabalha com teatro experimental, através de espetáculos autorais.

[10] *Meire Love* traz a história de quatro meninas prostituídas que perambulam pelas ruas de uma cidade turística. A direção é de Suzy Elida e Yuri Yamamoto..

[11] *Cordel do amor sem fim* (2007) tem direção de Anderson Maurício e texto de Cláudia Barral, e é a primeira montagem da Trupe Sinhá Zózima.

[12] A Trupe Sinhá Zózima é um grupo de teatro que, desde 2007, pesquisa o ônibus urbano como espaço cênico, espaço de descentralização e democratização do acesso às artes.

MR:

Na maioria dos festivais de artes cênicas brasileiros, a mesma pessoa que ocupa o cargo de coordenador geral é também responsável pela programação artística. Essa regra não acontece com o Festival Recife do Teatro Nacional. Na sua opinião, quais são as diferenças entre um festival que tem um responsável pela gestão e outro apenas para a curadoria e um festival em que a mesma pessoa ocupa ambos os cargos?

KA:

Mesmo em Recife, houve um ano, logo depois da minha saída, em que Lúcia Machado, coordenadora do festival, assumiu a curadoria. Fiz um apoio, mas a curadoria foi dela. De todo modo, você tem razão: havia um curador e um coordenador. Acho que é um bom modelo porque as tarefas são divididas e, ao menos do ponto de vista do pensamento artístico, o curador fica mais protegido das intempéries de produção, que são sempre difíceis de contornar.

Minha avaliação é de que, quando isso acontece, a tendência é você ter mostras sem recorte conceitual. Ou seja, o que define as escolhas não é um campo de pensamento e discussão mais ou menos reconhecível, mas o que o produtor/coordenador julgar que são "bons espetáculos", genericamente, independentemente de qualquer linha de pensamento ou experiência estética. Esse é o modelo hegemônico hoje no Brasil. Os com recorte conceitual são menos recorrentes. Lembro-me, agora, do de Recife, que por vários anos teve conceito (hoje já não), e do de São José do Rio Preto, que foi (no passado, porque depauperou-se) a melhor representação de festival curado a partir de um conceito. Eu mesmo participei de uma edição em que elegemos a relação arte/vida como eixo, então houve muitos espetáculos na fronteira da performance, e por aí vai. O festival de Fortaleza também já fez assim (eu curei uma das edições). E por aí vai.

Mas, como disse, essa curadoria conceitual, que é exceção, é mais comum quando o festival separa as funções de curador da de produtor/coordenador. Em todos os exemplos que dei acima, a curadoria é função descolada da produção (os curadores são convidados, não são os coordenadores ou produtores do festival). Mas, veja, na minha opinião, isso não significa nenhum valor *a priori*. É claro que há grandes e ótimos festivais em que a curadoria é feita pelos próprios coordenadores. É uma possibilidade e tem gerado ótimas edições, especialmente se a proposta for reunir, por exemplo, o que se julga mais importante na produção daquele ano. Perde-se no plano do recorte um pouco mais específico e ganha-se em diversidade na programação.

MR:
O curador também tem que ter conhecimento das características dos lugares, de sua capacidade técnica e da viabilidade orçamentária antes de indicar um espetáculo? Onde começam e terminam as funções do coordenador e do curador?

KA:
Sem dúvida. Uma das tarefas mais imediatas do curador é fazer o estudo de exequibilidade, tanto em festivais quanto em curadorias pontuais ou institucionais. A primeira pergunta é: com que pernas se pode caminhar? Sabendo sobre os recursos disponíveis e sobre custos locais (por exemplo, um festival em Manaus, que é muito longe e para onde todos os cenários só podem viajar de avião, é, em termos proporcionais, mais caro que um festival em Curitiba ou Porto Alegre). Feito isso, deve haver todo um estudo sobre espaços físicos disponíveis (e, eventualmente, as possibilidades do uso de outros espaços não convencionais – que normalmente são buscados no processo de escolha dos espetáculos). O estudo dos recursos técnicos também é fundamental. Se não há suporte, isso

já cria uma condição para o trabalho curatorial, pois muitos espetáculos não podem ser selecionados porque serão inviáveis sem uma estrutura física e técnica compatível. A função do curador não substitui a do coordenador, quando se trata de dois profissionais diferentes. O coordenador auxilia o curador no mapeamento de todas essas questões, de disponibilidade orçamentária e técnica. Um ilumina o caminho do outro porque na outra via o curador, que conhece as características estéticas dos espetáculos, também ajuda o coordenador a encontrar as melhores soluções em termos de logística. De minha parte, quando há espaço para isso (às vezes não há), procuro cuidar também da alocação dos espetáculos nos espaços. Isso é fundamental porque muitas vezes um espetáculo funciona bem em determinada configuração espacial, mas nem tanto em outras. Nesse caso, o "tanto faz" é sinônimo de amadorismo porque, como sabemos, o espaço é parte da dramaturgia, define em muito os seus significados e efeitos. Uma das funções do curador é encontrar junto ao coordenador a sintonia fina dessa relação entre cena e espaço.

SIDNEI CRUZ

Sidnei Cruz é dramaturgo, diretor teatral e gestor. Nasceu em 1955, no Rio de Janeiro (RJ), onde vive até hoje. Criou e coordenou o projeto Palco Giratório – Rede Sesc de Intercâmbio e Difusão das Artes Cênicas (1998-2007).[1] Atualmente é gerente do Espaço Cultural Escola Sesc, no Rio de Janeiro.

Esta entrevista foi realizada em dezembro de 2016.

MICHELE ROLIM:
Na sua opinião, como o conceito de curadoria é aplicado no âmbito das artes cênicas, principalmente se tratando dos festivais?

---

[1] O Palco Giratório é uma rede de intercâmbio e difusão das artes cênicas consolidada no cenário cultural brasileiro. Em 2017, completa vinte anos de existência. Já levou uma grande variedade de gêneros e linguagens artísticas para um público diversificado em todo o país, entre grupos de teatro de rua, circo, dança e outras linguagens artísticas.

SIDNEI CRUZ:
Essa é a pergunta mais difícil. A minha militância maior é com a criação do projeto Palco Giratório nacional. Ele tem uma característica bastante específica, que eu poderia chamar de curadoria colaborativa, ou seja, são várias cabeças pensando os recortes e eixos curatoriais, considerando sempre que a curadoria é uma forma de você trabalhar o desenvolvimento da cultura local, a mediação entre artistas, produtos artísticos, encenações, pensamentos e, basicamente, a educação de sentidos do espectador. Para fazer uma ponte com a questão da etimologia, a palavra *curare* é cuidar, ou seja, cuidar desse relacionamento entre artistas, obra de arte e espectador, constituindo pistas para a fruição e para educação dos sentidos. É uma política de aproximação e desenvolvimento, principalmente, do espectador.

MR:
Como funciona a curadoria no Palco Giratório?

SC:
Vou falar do Palco Giratório, mas de um período de dez anos, de 1998 até 2007, que foi o período em que eu participei do projeto. A ideia da curadoria colaborativa no Palco Giratório surgiu por volta de 2000, a partir de uma questão bem específica da instituição, a de que o Sesc está espalhado pelo Brasil, com representações e departamentos regionais e quadros de cultura em diversas capitais e cidades do interior. É uma instituição que tem essa especificidade de constituir uma capilaridade federativa na área de cultura. Então, a primeira coisa que eu fiz foi convencer a direção de que era preciso juntar esses gestores de todos os estados do Brasil e constituir um corpo técnico com capacidade e poder de analisar projetos e realizar programações.

A característica dessa curadoria colaborativa é uma de assembleia. Ela tem um fórum político poderoso de representatividade das cidades ou dos estados brasileiros. Dessa forma, criamos a possibilidade de ter um universo de diversidades e de características regionais muito interessantes. Então, a curadoria se constituiu com essa missão: a de pensar na especificidade local. Antes mesmo de escolher peças, espetáculos, oficinas ou circuitos dos grupos, pensávamos como é que os territórios flutuantes, que são os grupos que circulam pelo Brasil todo, podem se conectar com os territórios anfitriões, os territórios de pouso, os territórios locais que recebem esses visitantes, e daí constituir coisas novas. Quer dizer, sempre plantar uma ideia de desenvolvimento a médio e longo prazo da cultura local. Então, a característica da curadoria do Palco Giratório sempre foi essa de pensar o Brasil a partir do eixo das artes cênicas. O que é que está se fazendo no Brasil para além dos eixos predominantes, eixo Rio-São Paulo? Tentamos fazer uma coisa mais ampla do que o que o Mambembão[2] fez na época, no final da década de 1970, que foi trazer os grupos do eixo periférico – do Nordeste, Norte e Centro-Oeste – para o eixo Rio-São Paulo. Isso foi muito importante, mas de certa forma limitador. Tentamos fazer uma difusão caleidoscópica, ou seja, de todos os lugares para todos os lugares do Brasil. Então, funcionava um pouco com essa ambição de distribuir caleidoscopicamente o que se tinha de proposições estéticas no teatro, no circo, na dança, na performance, nas manifestações populares, enfim, tentando abrir também o conceito do que são as artes cênicas.

---

[2] O Mambembão é uma mostra de teatro que nasceu como uma tentativa de descentralizar o eixo cultural dominante, levando trabalhos de outros estados para se apresentarem no Rio de Janeiro, em São Paulo e em Brasília. O Mambembão foi lançado em 1978 pelo Serviço Nacional de Teatro, e realizou dez edições (1978-84, 1989, 1990 e 2012).

MR:

Além do critério de diversidade e representatividade, havia uma preocupação com o recorte curatorial? Porque eu imagino que seja imenso, a maior curadoria que nós temos aqui no Brasil.

SC:

A dificuldade toda é um pouco essa. Ao mesmo tempo em que a assembleia é um lugar de celebração, é também de embates. Era uma verdadeira arena, porque todos tinham espaço pra discutir suas questões. Nosso primeiro critério era ultrapassar o conceito de que cada curador estaria ali para defender o seu local. Na verdade, todos estávamos trabalhando para o Brasil, para uma multiplicidade. Nenhum curador era o xerife do seu estado ou da sua cultura. Outro critério era superar uma ideia banal, ou trivial, ou comum, de gosto. Tentar trabalhar com a questão da oportunidade no lugar de gosto, que tipo de experiência merece oportunidade de contracenar com o Brasil. Então, o critério ultrapassava inclusive o conceito de escolher os melhores, e chegava nas propostas que poderiam ser oportunas para alavancar outros nichos em outros lugares. O conceito de grupo foi um critério que fechamos para poder trabalhar com um foco mais definido, que é o de impulsionar coletivos, grupos e experiências colaborativas. Outro critério era tentar sempre, a cada edição do Palco Giratório, ter representatividade geográfica regional, ou seja, equilibrar entre a programação selecionada a representatividade de uma possível abrangência nacional. Dar oportunidades para que o maior número de estados e de grupos diferentes participasse. Isso nos levava a ter várias formas de rever o que ficava para o final. Nem sempre as primeiras escolhas vingavam, porque depois começávamos a aplicar esse critério da regionalidade. Depois pensávamos a diversidade de gêneros e linguagens, tentávamos, a cada edição, ter representantes do circo, da dança, do teatro, do teatro de bonecos, do teatro experimental, do teatro de rua, da performance, de intervenções urbanas e também de manifestações da cultura de tradição. Pansávamos naquilo que seria interessante colocar em cena na cidade para que os grupos locais, o público local, os pensadores do local, a universidade pudessem aproveitar pra discutir e desenvolver sua realidade. Tinha uma missão antropológica e sociológica de tentar ir pra criação de programas locais.

MR:
Como você vê atualmente a função dos festivais?

SC:
Precisamos repensar por que e para quem se reúnem grupos numa cidade para fazer um festival de teatro. Porque de repente você, circulando por diversos festivais, vê os mesmos grupos sempre. Isso não é um problema, mas é uma tendência. Em dez festivais, você vê aqueles mesmos dois, três, quatro, cinco grupos. É por questão econômica, é porque a rede fica mais fácil de levar de um pro outro? É porque algumas poucas pessoas elegeram aquela linha como a linha que deve ser vista por todos? É porque tem um público específico que só quer ver esse tipo de coisa? Eu acho que os festivais também se tornaram lugares de exclusão, ao invés de serem lugares de oportunidades para a ampliação. Os festivais se tornaram produtos com data de vencimento, é preciso rever como são realizados. Alguns outros lugares já estão fazendo isso. Enfim, acho que no Palco Giratório se pensa sempre que cada festival tem que ter a cara do lugar e representar o máximo de pensamentos daquele lugar, por isso que eu digo que a possibilidade de pensar uma curadoria colaborativa, coletiva, é a de você ampliar os agentes de intervenção, os agentes do diálogo. Se você bota duas pessoas, ou três, para serem responsabilizadas

pelo eixo curatorial, você com certeza corre o risco de ter um recorte muito específico e excludente. Eu acho que o curador como indivíduo está fadado a desaparecer.

MR:
No seu artigo "Sobre a curadoria: pistas e pedágios", você levanta algumas questões conceituais. Qual seria a diferença de um programador para um curador? Muda o termo ou a função também acaba sendo repensada?

SC:
Eu acho que isso está sendo repensado. Qual é a fronteira entre gestão, programação e curadoria? Porque, até agora, se coloca o curador como a primeira função autônoma em relação à programação. Eu acho que a curadoria é algo que emerge de uma política de gestão de programação. Em uma visão mais ampla, pensar na sua função perante a cidade e a sociedade para quem você vai programar, pensar de que lugar você está falando e com quem você está falando, para quem você está programando, para que e com que, são as questões a partir das quais você começa a usar a ferramenta da curadoria para fazer os diversos recortes táticos pra atingir uma estratégia. A curadoria, para mim, é uma tática que você utiliza, e ela muda a todo momento dentro de um projeto estratégico maior de que a gestão e a programação se imbuem. Porque a programação e a gestão são políticas de longo prazo, você tem que ter continuidade, tem que ter sistematização e regularidade, tem que buscar verificar e acompanhar o que você está colocando em jogo, avaliar, ter indicativos. é um trabalho de administração da ação cultural como um todo, com dados técnicos, com ferramentas que te dão elementos pra você ir desenvolvendo um trabalho para todos dentro da cidade. A curadoria é composta de recortes que você faz a partir de diversos diálogos que se estabelecem, com um nicho específico,

com um grupo específico. Se você quer discutir a questão de gênero, você faz uma curadoria específica na sua programação. Você não vai apontar toda a sua política para aquilo, você abre o nicho. Faz uma curadoria para discutir movimentos de rua, o Movimento dos Sem Terra, do negro, do índio, enfim, você vai abrindo a curadoria. Eu falei que está fadada a acabar a figura individual do curador, que se reduz, de certa forma, no gênio artístico do curador. Me parece que o curador virou um alterego do artista que está oculto. Então, penso que talvez seja mais eficaz tirar a importância que a curadoria passou a ter, pois ela ofusca uma política cultural. Na minha prática, enquanto gestor, eu sempre penso nisso, que primeiro você tem que fortalecer vínculos de médio e longo prazo com o lugar com o qual você está trabalhando, seja o bairro, a cidade, o estado, enfim, você tem que ter o raio de convivência de trocas que você tem com o lugar com o qual você está dialogando. Se você é de um centro cultural, você tem que perceber o que está em torno. A partir daí, você faz os levantes táticos de eixos curatoriais pra atingir objetivos mais imediatos, que depois vão se ligando em elos. Na cadeia produtiva de ação cultural, penso que a curadoria está por dentro, e não em um lugar acima ou abaixo. Ela está por dentro da gestão da programação.

MR:
Nas artes visuais, vemos muito o conceito de autoria quando se trata de curadoria. Muitas vezes você vai em uma exposição não tanto pelo artista, mas pelo curador. Como você vê isso nas artes cênicas?

SC:
Esse conceito de curadoria, é legítimo e histórico, mas nas artes cênicas eu não o vejo com muito destaque, embora exista. Esse pensamento de que a curadoria é autoria, no sentido

de individualizar-se do processo politico e cultural, é que me parece contribuir menos para as necessidades específicas do Brasil. Eu acho que a curadoria é um processo também de criação, de autoria, de pensamento, mas ela está alojada a uma colaboração com mais cabeças e dentro de uma proposta mais ampla de ação cultural. Acho que quando ela foge desse modelo autoral, a curadoria produz mais resultados e menos destaque para uma ou outra pessoa, seja artista como curador, seja artista como artista mesmo. Eu respeito a questão de ser autoral, é fascinante, mas eu prefiro pensar a curadoria como um desdobramento de um pensamento de gestão e programação. Ou seja, de um conjunto maior de ações para as artes cênicas, ou para a cultura de um modo geral, e não como um ato individual, a salvação da lavoura.

MR:
Em muitos festivais aqui no Brasil, o curador é também o coordenador. Isso faz com que o modelo de gestão e o modelo artístico do festival passem apenas por uma ou duas pessoas. O que isso acaba gerando?

SC:
Isso acaba gerando monopolização de ideias. Eu acho que quando você pensa coletivamente, é provável que o resultado desse pensamento favoreça o maior número de pessoas possível. Digo favorecer no sentido de oportunidade, de você estar fazendo algo de caráter público. Se você transforma o seu festival em uma atividade privada, que a sua empresa ou o seu grupo ou duas ou três pessoas estão fazendo pra imprimir sua marca, isso vai dar outro resultado, que pode ser muito bom, mas geralmente tem um alcance de ordem privada, não de ordem pública. Se você tem uma atitude pública, se você é

um curador ou um artista que tem vocação para pensar e agir publicamente, você sempre vai pensar para além do seu gosto pessoal, das suas escolhas, das suas facilidades. Você sempre vai se esforçar para ser diferente de si mesmo, sempre vai procurar encontrar o que ressoa com o maior número de pessoas, na cidade, na sociedade, nas diversidades dos segmentos que compõe um diálogo de convivência em uma pólis, em uma conjuntura, em uma esfera pública. Para isso não é preciso, necessariamente, ser empregado de uma instituição pública. É você quem tem que ter uma atitude cidadã de legislar, de trabalhar com a esfera mais ampla, com as diferenças. Temos que aprender muito a esse respeito. No máximo, toleramos as coisas. Você não se ver representado na totalidade de um festival é difícil. Eu não vou citar nomes, mas vários festivais importantes estão perdendo sua credibilidade por causa disso, porque se repetem em suas escolhas. E chega uma hora em que acaba a sua fonte, se você não se exercita com o pensamento dos outros, com outras demandas que surgem e vão além das diferenças estéticas estabelecidas. Se você não muda, não cresce, você não se surpreende e não surpreende o outro. Eu acho que está faltando o espanto, como diz o Ferreira Gullar, que faleceu recentemente. Sua fala se refere à poesia – quando perguntam por que ele não escreve mais poesia, ele diz ser porque ele perdeu o espanto, não consegue se espantar com nada. Eu acho que ocorre um pouco isso com os festivais. Eles não se espantam. As pessoas que estão coordenando, fazendo gestão, não se espantam com nada, elas apenas reproduzem formatos artísticos e de gestão.

MR:
O quanto o orçamento acaba interferindo no modelo artístico dos festivais no Brasil?

SC:
Eu acho que a questão orçamentária foi determinando a programação estética, as escolhas e as oportunidades. Fazer com pouca grana o máximo de brilho é uma armadilha. É pegar aquilo que é possível para você dar um glamour na programação com alguma credibilidade já chancelada pela crítica oficial ou por aqueles que detêm o poder de dizer o que é bom ou não. Tem um cânone clássico, acadêmico, mas também o marginal. Existe um cânone underground que é reproduzido sem que se perceba. Eu acho que é preciso aproveitar essa crise que nós estamos vivendo para pensar que modos operacionais menos dependentes da economia podem ser experimentados no teatro. Que tipo de colaboração os próprios artistas, as instituições e o próprio público podem ativar para que a coisa seja mais agradável. Acho que tem que sair um pouco do profissionalismo e do caráter empresarial, que é o que os projetos se tornaram, de certa forma, É preciso sair disso pra se tentar criar uma coisa nova. Falta aproveitar a crise e ser um pouco mais bandido, nesse aspecto de sair da zona de conforto e buscar outras margens. Há vários projetos que já estão começando e gestões que estão percebendo que é preciso se mexer um pouco, tirar um pouco da sua máscara de profissional competente das artes cênicas, que compõe as curadorias das redes, e tentar descobrir coisas novas. Porque também está emergindo uma juventude e os novos criadores precisam de espaço. Eu, por exemplo, vou aos festivais e vejo não o mesmo grupo, não o mesmo espetáculo, não a mesma experiência, mas o mesmo modo de fazer. É o discurso que se repete, é sempre uma garantia de que deu certo em um lugar, então vamos repetir aqui na nossa roupagem local. Assim, é só vestir o regional com um certo ar de autenticidade e ponto, mas, no fundo, é tudo igual. Tira-se o verniz e fica tudo igual. Mas eu acredito que pode melhorar.

© Editora de Livros Cobogó, 2017
© Michele Rolim

EDITORA-CHEFE
Isabel Diegues

EDITORA
Julia Barbosa

GERENTE DE PRODUÇÃO
Melina Bial

ASSISTENTE DE PRODUÇÃO
Maria Isabel Iorio

REVISÃO FINAL
Clarisse Cintra

PROJETO GRÁFICO E DIAGRAMAÇÃO
Ilustrarte Design e Produção Editorial

CAPA
Paulo Caetano

CIP-BRASIL. CATALOGAÇÃO-NA-FONTE. SINDICATO NACIONAL DOS EDITORES DE LIVROS, RJ

R654q
    Rolim, Michele
       O que pensam os curadores de artes cênicas / Michele Rolim. - 1. ed. - Rio de Janeiro : Cobogó, 2017.
       160 p. ; 19 cm.

    ISBN 978-85-5591-033-3

    1. Teatro. 2. Artes cênicas. I. Título.

17-43578   CDD: 371.399
                                                                                   CDU: 373.5:792

Nesta edição, foi respeitado o Acordo Ortográfico da Língua Portuguesa de 1990, que entrou em vigor no Brasil em 2009.

Cada entrevistado é responsável por suas opiniões.

Todos os direitos em língua portuguesa reservados à
Editora de Livros Cobogó Ltda.
Rua Jardim Botânico, 635 / 406 – Jardim Botânico
Rio de Janeiro – RJ – 22.470-050
Tel.: (21) 2282-5287
www.cobogo.com.br

2017

———————

1ª impressão

Este livro foi composto em Bembo.
Impresso pelo Grupo SmartPrinter sobre papel Pólen Bold LD 70g/m²
para a Editora Cobogó.